1857 : अवध का मुक्ति संग्राम

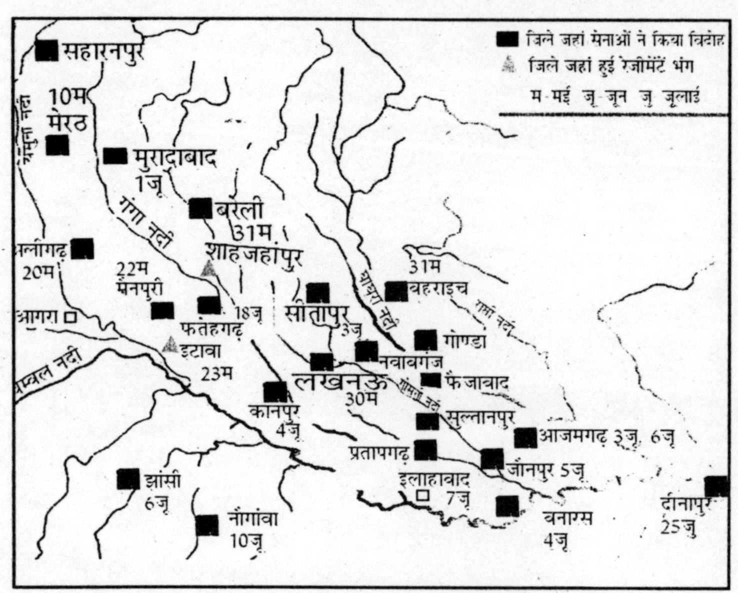

उत्तर भारत में क्रान्ति

1857
अवध का मुक्ति संग्राम

अखिलेश मिश्र

सम्पादक
वंदना मिश्र

राजकमल प्रकाशन

ISBN : 978-81-267-1290-8

मूल्य : ₹ 450

पहला संस्करण : 2007
चौथा संस्करण : 2020

प्रकाशक : राजकमल प्रकाशन प्रा. लि.
1-बी, नेताजी सुभाष मार्ग, दरियागंज
नई दिल्ली-110 002

शाखाएँ : अशोक राजपथ, साइंस कॉलेज के सामने, पटना-800 006
पहली मंजिल, दरबारी बिल्डिंग, महात्मा गांधी मार्ग, इलाहाबाद-211 001
36 ए, शेक्सपियर सरणी, कोलकाता-700 017

वेबसाइट : www.rajkamalprakashan.com
ई-मेल : info@rajkamalprakashan.com

मुद्रक : बी.के. ऑफसेट
नवीन शाहदरा, दिल्ली-110 032

1857 : AWADH KA MUKTISANGRAM
by Akhilesh Mishra

जो नहीं हो सके पूर्ण काम।
मैं उनको करता हूं प्रणाम॥

कुछ कुंठित औ कुछ लक्ष्य भ्रष्ट जिनके अभिमंत्रित तीर हुए
रण की समाप्ति के पहले ही जो वीर रिक्त तूणीर हुए
उनको प्रणाम॥

जो छोटी सी नैया लेकर उतरे करने थे उदधि पार
मन की मन में ही रही, स्वयं हो गए उसी में निराकार
उनको प्रणाम॥

जो उच्च शिखर की ओर बढ़े, रह-रह नव-नव उत्साह भरे
पर कुछ ने ले ली हिम समाधि, कुछ असफल ही नीचे उतरे
उनको प्रणाम॥

कृत-कृत्य नहीं जो हो पाए, प्रत्युत फांसी पर गए झूल
कुछ ही दिन बीते हैं फिर भी, यह दुनिया जिनको गई भूल
उनको प्रणाम॥

–नागार्जुन

अवधवासी अपने भाइयों-सिपाहियों—जिनमें से अधिकतर अवध के थे—द्वारा शुरू किए गए विद्रोह में शामिल हुए और आजादी के लिए लड़े।...अवध ने जैसा प्रतिरोध प्रस्तुत किया वैसा दृढ़ संकल्पित और इतनी दीर्घ अवधि का संघर्ष चलाने का उदाहरण भारत के किसी और हिस्से ने प्रस्तुत नहीं किया। पूरी लड़ाई के दौरान 1856 में उनके प्रति किए गए अन्याय के अपराध की भावना ने अवध के लोगों के दिल इस्पाती बना दिए थे और उनके संकल्प को मजबूत किया था।

—ब्रिटिश इतिहासकार जी. बी. मालेसन
(हिस्ट्री ऑफ इंडियन म्यूटिनी)

अवध के विद्रोहियों का उनके अभियानों और प्रति अभियानों के दौरान पीछा करना बहुत कठिन है। उनके सक्रिय सदस्यों में अधिकतर तालुकदारों से जुड़े हैं। एक दिन वे सुलतानपुर में दिखाई पड़े सुलतानपुर से 25 मील दूर अमेठी में रुकने के लिए। फिर सुनाई पड़ता है कि वे मुजफ्फरनगर के पास हैं। फिर यह कि रामपुर कसिया में हैं। होपग्रांट के सामने अब यह साफ हो गया है कि सिवाय ताकत और किसी तरह उन्हें झुकाया नहीं जा सकता।

—मालेसन

सौ अवधवासी खुले मैदान में दस अंगरेज सिपाहियों के हमले से बचकर भाग निकलेंगे लेकिन यदि अवध के दस लोगों को किसी कच्ची दीवार की भी आड़ मिल जाएगी तो वे अपनी जगह डट जाएंगे। उन्नाव के छोटे-छोटे गांवों में यही हो रहा है। ब्रिटिश सैनिक हर जगह थे लेकिन कुछ नहीं कर पा रहे थे।

—चार्ल्स बाल
(हिस्ट्री ऑफ दि इंडियन म्यूटिनी)

प्रस्तावना

'धर्म का मर्म', 'पत्रकारिता : मिशन से मीडिया तक' और 'पावों का सनीचर' के बाद इस बार हम अखिलेश जी की पुस्तक '1857 : अवध का मुक्ति संग्राम' लेकर पाठकों के समक्ष उपस्थित हैं। यह पुस्तक 1947 और 1957 में लिखे निबन्धों का संकलन है। पचास–साठ वर्ष पूर्व लिखे गए इन निबन्धों का विशेष महत्त्व इस कारण है कि उस समय जब 1857 के प्रथम स्वाधीनता संग्राम को, जिसकी धमक यूरोप में कार्ल मार्क्स तक पहुंची थी, भारतीय इतिहासकार अंगरेज इतिहासकारों के साथ सुर में सुर मिलाकर सिपाही विद्रोह बता रहे थे, प्रथम श्रेणी में गणित में एम. ए. करने के बाद हिन्दी पत्रकारिता को अपना पेशा बनाने वाला एक युवा पत्रकार उन्हें चुनौती देता हुआ इस लड़ाई को जनसंग्राम कह रहा था। उनकी इस दृष्टि के कारण ही अखिलेश जी के ये लेख न सिर्फ प्रमुखता से छापे गए थे बल्कि उनकी ओर संपादकीय टिप्पणी द्वारा पाठकों का ध्यान भी आकृष्ट किया गया था।

अखबार में स्थान सीमा के भीतर ही अपनी बात कहनी होती है इसलिए कम से कम शब्दों में अपनी बात कहने की बाध्यता होती है। अपनी बात के समर्थन में टिप्पणियां वगैरह देने की भी वैसी सुविधा प्राप्त नहीं होती जो पुस्तक के लेखक को होती है। इसके बावजूद अखिलेश जी ने 1857 के उपेक्षित पक्षों की ओर संक्षेप में किन्तु जोरदार ढंग से ध्यान आकृष्ट किया है।

अखिलेश जी 1857 के युद्ध को केवल सिपाहियों का विद्रोह या सामन्तों का अपनी गद्दी बचाने के लिए किया गया युद्ध मानने से इनकार करते हुए इसे जनमुक्ति संग्राम मानते हैं। उनकी इस मान्यता की पुष्टि अनेक साक्ष्यों से होती है। 'क्रांतिकारियों' से निपटना मुश्किल मानते हुए लॉर्ड केनिंग ने ढिंढोरा

पिटवाया था कि जो भी इस विद्रोह में शामिल होगा, उसकी संपूर्ण संपत्ति, भूमि जब्त कर ली जाएगी और जो इसमें भाग नहीं लेगा उसे माफ कर दिया जाएगा लेकिन उनकी इस अपील या धमकी का कोई असर नहीं हुआ। किसी ने आत्मसमर्पण नहीं किया। यह बात लॉर्ड केनिंग ने सर जेम्स ऊटरम को लिखे एक पत्र में स्वीकार भी की। उन्होंने लिखा,' आप समझते होंगे कि अवध के राजा और जमींदार केवल इसलिए विद्रोही बन गए हैं कि हमारी नई मालगुजारी पद्धति से उन्हें हानि उठानी पड़ी थी... किन्तु मैं समझता हूं कि जमीदारों और राजाओं द्वारा हमारे विरुद्ध विद्रोह करने का कारण उनकी व्यक्तिगत क्षति मात्र ही नहीं था।' इसी बात की पुष्टि होम्स भी 'सिपाय वार' में करते हैं जब वह कहते हैं कि जिन राजाओं और जमींदारों ने यह आजादी की लड़ाई आरंभ की तथा चलाई, वे व्यक्तिगत स्वार्थों की अपेक्षा नितांत उदात्त आदर्शों से अनुप्रेरित थे।

अखिलेश जी के अनुसार अवध का यह संग्राम जन-संग्राम था जिसमें बच्चे-बूढ़े, स्त्री-पुरुष, उच्च और निम्न वर्ग, सवर्ण-अवर्ण सभी शामिल थे। अपनी इस मान्यता को उन्होंने विशेषकर 'प्रेरणा-प्रदायक अवध' में विभिन्न तथ्यों एवं तर्कों द्वारा पुष्ट किया है। वह कहते हैं, अगर यह जन-युद्ध नहीं था, तो कैसे 'पूरे अवध के कोने-कोने में क्रांति की ज्वाला एक साथ उभरी और अंगरेजों की सत्ता एक सप्ताह के भीतर तिरोहित हो गई।' (जी.डब्ल्यू. फारेस्ट भी 'हिस्टरी ऑफ दि इंडियन म्यूटिनी' में कहते हैं, 'दस दिनों के भीतर अवध में अंगरेजी प्रशासन एक सपने की तरह गायब हो गया, अपने पीछे अपनी कोई निशानी छोड़े बिना', पृ. 217)। 'प्रमुख राजधानियों में अंगरेजी राज्य के पुनः स्थापित हो जाने के बाद भी महीनों तक गांवों में अंगरेज सेनाओं को लोहे के चने चबाने पड़े। ...पराजय के बाद भागने वाले नेताओं को जिस प्रकार संरक्षण देकर भारतीय सीमा के बाहर तक जनता ने पहुंचाया और उनका पीछा करने वाली गोरी फौज का जिस प्रकार गांव-गांव में प्रबल प्रतिरोध हुआ, जिस तरह जगह-जगह पेड़ों से लटकाकर अनगिनत स्वातंत्र्य वीरों को फांसी दी गई, गांव और बाजार फूंके गए, कत्ले आम किए गए, लोग जीवित जलाए गए- क्या उससे ही स्वातंत्र्य संग्राम की सार्वजनीयता सिद्ध नहीं हो जाती।' अगर

यह जनयुद्ध नहीं था तो क्यों हजारों ग्रामवासियों, शहरों के निरपराध लोगों को बिना मुकदमा चलाए सार्वजनिक रूप से फांसी पर लटका दिया गया, क्यों गांव के गांव भून डाले गए बिना इस बात की परवाह किए कि इन गांवों में स्त्रियां, बच्चे और बूढ़े भी हैं, कमजोर और बीमार लोग भी हैं। अंगरेजों के इन कुकृत्यों के सबूत अंगरेजों के पक्षधर अंगरेज इतिहासकारों द्वारा लिखी गई पुस्तकों में भी जहां-तहां बिखरे पड़े हैं।

भारतीयों के इस नरसंहार पर ब्रिटेन की संसद का ध्यान भी गया था। लॉर्ड एलनबरो ने अपने भाषण में कहा था, 'हालांकि हमारे इतिहासकारों को यह स्थापित करना बड़ा प्रिय है कि 1857 का विद्रोह शुद्धतः राष्ट्रद्रोह था लेकिन मुकदमे का दिखावा कर या फिर बिल्कुल कोई मुकदमा चलाए बिना हजारों हजार नागरिकों को जिस तरह फांसी पर लटका दिया गया और जिस तरह से दुश्मनों के साथ-साथ दोस्तों के भी गांव के गांव जलाए गए, वह तो इसे सिपाही विद्रोह नहीं बल्कि जनता का विद्रोह ही सिद्ध करता है।' (एडवर्ड थामसन की पुस्तक 'दि अदर साइड ऑफ दि मेडल' में पृ. 107 पर उद्धृत)

इस संदर्भ में रेवरेंड डा. डफ़ का कथन भी दृष्टव्य है। डा. डफ़ 1857 की लड़ाई को बहुत स्पष्ट रूप से जन-युद्ध बताते हैं। वह अपनी पुस्तक 'इंडियन रिबेलियन' में कहते हैं, 'यदि इस विद्रोह को बहुसंख्यक जनता का समर्थन और सहानुभूति न मिली होती, यह केवल सैनिकों द्वारा किया गया उपद्रव ही होता तो पहली दो-चार बड़ी विजयों के बाद ही इसे कुचल दिए जाने में कामयाबी मिल जाती और यह विद्रोह शांत हो जाता...। लगता है कि यह सैनिकों का साधारण विद्रोह नहीं, विप्लव है, क्रांति का विस्फोट है...।' डा. डफ़ फिर लिखते हैं, 'अधिसंख्य सामान्य व्यक्ति जिस विद्रोह में सहभागी बन रहे हैं, वह वस्तुतः संपूर्ण राज्यसत्ता और शासन के विरुद्ध युद्ध है।' (पृ. 241-243)। वह इस बात को भी रेखांकित करते हैं कि कभी ऐसा नहीं हुआ कि दुश्मन से मुकाबले में उसे पछाड़ न दिया गया हो, उसकी तोपें न ले ली गई हों लेकिन लगातार हराए जाने के बाद भी वह फिर नए मुकाबले को और ज्यादा मजबूती के साथ, और ज्यादा तैयारी के साथ सामने आ जाता है। एक शहर पर कब्जा किया नहीं, एक शहर को उनके कब्जे से छुड़ाया नहीं

कि किसी और शहर पर उनकी चुनौती सामने आ जाती है। एक जिला बेशुमार अंगरेज फौजों के आने के बाद सुरक्षित घोषित हुआ नहीं कि दूसरे जिले में उपद्रव शुरू हो जाता है। महत्त्वपूर्ण स्थानों के बीच का राष्ट्रीय मार्ग खोला नहीं जाता है कि वह फिर बंद कर दिया जाता है और सारा संचार-संवाद साल भर के लिए कट जाता है। विद्रोहियों को एक इलाके से खदेड़ा नहीं जाता है कि वे दूसरे इलाके में पहुंच जाते हैं, दुगनी-तिगनी फौजों के साथ।

और चार्ल्स बाल को तो इस बात का कष्ट था ही कि अवध में विद्रोही बिना राशन-पानी, बिना साजो-सामान के ही मोर्चे पर चल पड़ते हैं क्योंकि जनता उन्हें खाना खिलाएगी ही। वे अपना सामान भी बिना चौकीदार के छोड़ सकते हैं क्योंकि उसे कोई नहीं लेगा। विद्रोहियों को अंगरेजों की सारी खबर रहती है क्योंकि लोग घंटे-घंटे पर उन्हें सूचनाएं देते रहते हैं। अंगरेजों की कोई योजना उनसे गुप्त नहीं रखी जा सकती है क्योंकि उनके प्रति सहानुभूति रखने वाले भेदिये हर मेस की मेज के पास, हर ब्रिटिश शिविर में मौजूद हैं।

रेवरेंड जे. केव-ब्राउन ने अपनी पुस्तक 'द पंजाब ऐंड डेल्ही इन 1857' में लिखा, 'अवध एक अधिक गहरे और अधिक व्याकुल विद्रोह का केन्द्र रहा है क्योंकि यह विद्रोह मूलतः जन विद्रोह था।' (पृ. 28)

ले. जनरल मैकलियोड ने भी इस बात पर जोर दिया कि कम से कम अवध के संघर्ष को तो आजादी की लड़ाई (वार ऑफ इंडिपेंडेंस) माना ही जाना चाहिए। (विनायक दामोदर सावरकर की पुस्तक '1857 का भारतीय स्वातंत्र्य समर' में उद्धृत)

इस मुक्ति संग्राम में जनता की भागीदारी इतनी जबर्दस्त थी कि कभी-कभी तो लोग अपने नेता के बिना भी समर में जूझ जाते थे। उदाहरणार्थ, उन्नाव की जनता ने अपने ही बूते लंबे समय तक बिना किसी नेता के (क्योंकि वे सब अपनी-अपनी फौज लेकर लखनऊ गए थे) अंगरेजों के लिए एक कदम आगे बढ़ाना तक मुश्किल कर दिया था जबकि अंगरेज सेना का नेतृत्व होपग्रांट और हैवलॉक जैसे अनुभवी और तपे हुए सेनानायक कर रहे थे और अंगरेज फौजें आधुनिकतम हथियारों से लैस थीं। काफी समय तक उन्नाव की ग्रामीण जनता अपनी सूझ-बूझ से अंगरेजों को लोहे के चने

चबवाती रही। उसकी जांबाजी और रणकौशल की सराहना चार्ल्स बाल, मालेसन और फारेस्ट जैसे इतिहासकारों ने भी की है। चार्ल्स बाल ने 'हिस्टरी ऑफ दि इंडियन म्यूटिनी' में लिखा है,'सौ अवधवासी खुले मैदान में दस अंगरेज सिपाहियों के हमले से बचकर भाग निकलेंगे लेकिन यदि अवध के दस लोगों को किसी कच्ची दीवार की भी आड़ मिल जाएगी तो वे अपनी जगह डट जाएंगे।' उन्नाव के छोटे-छोटे गांवों में यही हो रहा था। ब्रिटिश सैनिक हर जगह थे लेकिन कुछ नहीं कर पा रहे थे।

ब्रिटिश इतिहासकार मालेसन के अनुसार अवधवासी अपने भाइयों-सिपाहियों, जिनमें से ज्यादातर अवध के थे, द्वारा शुरू किए गए विद्रोह में शामिल हुए और आजादी के लिए लड़े। अवध ने जैसा प्रतिरोध प्रस्तुत किया, वैसा दृढ़ संकल्पित और इतनी दीर्घ अवधि का संघर्ष चलाने का उदाहरण भारत के और किसी हिस्से ने प्रस्तुत नहीं किया। पूरी लड़ाई के दौरान 1856 में उनके प्रति किए गए अपराधपूर्ण अन्याय की भावना ने अवध के लोगों के दिल इस्पाती बना दिए थे और उनके संकल्प को मजबूत किया था।

इसी तरह अनेस का कहना है कि कम से कम हमें अवध प्रांत के लोगों द्वारा किए गए संघर्ष को तो आजादी की लड़ाई के रूप में मान्यता देनी ही होगी।

1857 जन-संग्राम था, यह इससे भी स्पष्ट है कि संभवत: अवध की तीन-चौथाई वयस्क आबादी विद्रोह में भाग ले रही थी। (फोरेसिक का भारत सरकार को लिखा पत्र)

इस तरह यह स्पष्ट है कि अंगरेज इतिहासकारों-लेखकों को भी चाहे बेमन से ही सही लेकिन स्वीकार करना पड़ा कि अवध का विद्रोह जनता का विद्रोह था।

अखिलेश जी 1857 के युद्ध को जनयुद्ध एक और कारण से कहते हैं और वह है इस युद्ध में स्त्रियों की जबर्दस्त भागीदारी। हर वर्ग, वर्ण, और धर्म-संप्रदाय की स्त्रियां इस क्रांति में शामिल थीं और उन्होंने 'क्रांतिकारियों' को अपने घरों में छिपाने, उनको सुरक्षित जगह पहुंचाने से लेकर तलवार या बंदूक लेकर दुश्मन पर टूट पड़ने तक की भूमिका जोरदार ढंग से निभाई थी। अंत:पुर

की बेगमों ने भी, जिन्हें असूर्यंपश्या माना जाता था, मैदाने जंग में आमने-सामने की लड़ाई लड़ी। महिलाओं, बेगमों और सामान्य स्त्रियों ने हथियार बनाने का भी काम हाथ में लिया। जासूसी की टीमें भी बनाईं। अंगरेज इतिहासकारों ने भी अवध के मुक्ति-संग्राम में जहां-तहां अज्ञात अनाम स्त्रियों के लड़ने का भी उल्लेख किया है।

शासन की कमान स्वयं बेगम हज़रत महल ने संभाली थी। उन्हें रानी लक्ष्मीबाई की तरह तलवार चलाने का प्रशिक्षण प्राप्त नहीं था, फिर भी जब वह मैदान में आ गईं तो किसी से पीछे नहीं रहीं और उनके नेतृत्व में भारी संख्या में महिलाओं ने इस जन-युद्ध में अपनी-अपनी भूमिका निभाई। अवध की स्त्रियों की इस भूमिका से चमत्कृत डब्ल्यू. एच. रसेल (इस युद्ध के दौरान लंदन टाइम्स का संवाददाता) यह लिखने से अपने को रोक न पाया कि 'बेगम ने हमारे विरुद्ध अखण्ड युद्ध की घोषणा की है। इन रानियों और बेगमों के ओजस्वी चरित्र से ऐसा लगता है कि इन्हें अपने रनिवासों और जनानखानों में अद्‌भुत मानसिक शक्ति प्राप्त होती थी और वे किसी भी स्थिति में उपयुक्त क़दम उठाने में सक्षम थीं।' (माई इंडियन म्यूटिनी डायरी, पृ. 275)

सिकंदर बाग के अविस्मरणीय युद्ध में अपने समर कौशल से अंगरेजों के दांत खट्टे कर देने वाली दो वीरांगनाओं का फारेस्ट ने विशेष उल्लेख किया है। अब इनमें से एक वीरांगना की पहचान ऊदा देवी के रूप में हुई है। ऊदा देवी ने सिकन्दर बाग में एक पेड़ की शाखा पर बैठकर अपने सधे निशाने से लगभग 35 अंगरेजों को परलोक पहुंचा दिया। उस पेड़ के नीचे जाते ही अंगरेजों को गोली खाकर गिर जाते देख एक अंगरेज वैलेस को शक हुआ। उसने पेड़ पर बैठकर गोली चला रहे व्यक्ति पर निशाना साधा। नीचे गिरे व्यक्ति ने लाल रंग की चुस्त जैकेट और गुलाबी रंग की रेशमी पतलून पहनी थी। नजदीक जाने पर पता चला कि वह बहादुर योद्धा एक युवती थी। उसके पास दो भारी पिस्तौलें थीं। इस अमर शहीद वीरांगना की पहचान अब पासी ऊदा देवी के रूप में हुई है। दूसरी वीरांगना, जो वृद्धावस्था में थी, अब तक अज्ञात ही है। इस बहादुर वृद्धा का उल्लेख होपग्रांट ने अपने संस्मरणों में एक दम तोड़ती वृद्धा के रूप में किया है।

बेगम की कोठी में हुए युद्ध में भी बेगमों और उनकी सखियों, दासियों आदि के युद्ध में भाग लेने का विवरण मिलता है। शत्रु से सीधे मोर्चा लेने के अतिरिक्त स्त्रियों ने अन्य तरीकों से भी जोरदार ढंग से मुक्ति-संग्राम में अपनी भूमिका निभाई थी। इन कामों में स्वतंत्रता सेनानियों को घर में शरण देना, फरारों को सुरक्षित स्थानों पर छिपाना, उन्हें भोजन आदि पहुंचाना शामिल हैं। स्त्रियां और बच्चे जासूसी के काम में भी सक्रिय थे।

आज 2006 में भी जब 1857 की डेढ़ सौवीं वर्षगांठ समारोह आयोजित करने के लिए प्रधानमंत्री द्वारा गठित कमेटी इस बात को लेकर दिग्भ्रमित है कि 1857 को आजादी की लड़ाई माना जाय अथवा जागीरदारों, सामंतों और सिपाहियों का विद्रोह, अखिलेश जी की यह पुस्तक विचारानुकूलित विद्वानों के भ्रमजाल को तोड़ने में सहायक होगी।

अखिलेश जी ने इस क्रांति के धर्मनिरपेक्ष रूप की ओर भी संकेत किया है। इस संदर्भ में उन्होंने हेनरी लॉरेंस के हिन्दुस्तानी में दिए गए उस भाषण का उल्लेख किया है जिसमें उसने हिन्दुओं पर मुसलमानों और मुसलमानों पर हिन्दुओं के अत्याचार की बात कहते हुए उनमें फूट डालने का प्रयास कर लखनऊ के लोगों को कंपनी सरकार के अधीन ही रहना सबसे सुरक्षित उपाय बताया था। अखिलेश जी इस भाषण को अंगरेजों की फूट डालो-राज करो नीति का नमूना बताते हुए इस बात पर जोर देते हैं कि अंगरेजों की नीति को अंगूठा दिखाते हुए इस लड़ाई में हिन्दू-मुसलमानों ने अपना सदियों पुराना भाईचारा कायम रखा। अंगरेजों के खिलाफ हमलों में 'बहादुर शाह जफर की जय' के साथ-साथ 'जय मां काली' और 'या अली' आदि नारे पूरे उत्साह के साथ लगाए जाते थे। (नए नवाब अल्पायु बिरजीस कद्र में हिन्दुओं ने अपना कन्हैया देखा था)। आंदोलन की अगुआई करने वाले नेताओं बेगम हज़रत महल, मौलवी अहमदुल्लाह शाह, राणा वेणी माधव, राजा देवी बख्श सिंह, कुंवर सिंह, मेंहदी हसन में कौन हिन्दू था, कौन मुसलमान! वे सब एक आतताई साम्राज्यवादी शासन से हिन्दुस्तान की आजादी के लिए लड़नेवाले स्वतंत्रता सेनानी थे।

यह भी न भूलना चाहिए कि बिरजीस कद्र की ताजपोशी के पीछे राजा

जियालाल की पहल थी जिन्हें बेगम हज़रत महल ने अपनी सेना का सेनापति ही नहीं, अपना मुख्य प्रवक्ता भी बनाया था। बेगम ने वित्तमंत्री फैजाबाद के राजा बालकृष्ण राय को बनाया था।

अखिलेश जी ने इस युद्ध के प्रगतिशील चरित्र को भी रेखांकित किया है। सच है कि इस युद्ध में हिन्दू-मुस्लिम, उच्च और निम्न वर्णों और वर्गों की एकता जितने ठोस और स्पष्ट रूप में सामने आई, वैसी पहले कभी दिखाई नहीं दी थी। एकता और भाईचारे की यह भावना शीर्ष से लेकर आम आदमी-आम सिपाही तक साफ दिखाई देती थी। जब लॉर्ड केनिंग ने फूट डालो-राज करो की नीति के तहत मुसलमानों को यह समझाने की कोशिश की कि नाना साहब और लक्ष्मीबाई अंगरेजों को इसलिए हटाना चाहते हैं ताकि वे यहां हिन्दू राज्य स्थापित कर सकें और इसलिए मुसलमानों को हिन्दुओं का साथ छोड़ देना चाहिए तो ऐसी बातों को न सुनने की सलाह देते हुए सम्राट बहादुर शाह जफर ने कहा था, 'हम हिन्दुस्तान में पैदा हुए हैं। हिन्दुस्तान हमारा वतन है। हम हिन्दुस्तान की आजादी के लिए नाना साहब का साथ जरूर देंगे, भले ही हिन्दुस्तान में हिन्दुओं का राज कायम हो जाय। मुझे पूरा यकीन है कि हिन्दुओं का राज फिरंगियों के राज से बहुत बेहतर होगा।'

इसी तरह जब कैप्टन हॉब्स ने अपने मातहत काम कर चुके एक पूर्व सिपाही बिसेन को सहायतार्थ बुलवाया तो उसने रास्ते का अपना जो अनुभव हॉब्स को बताया वह हॉब्स को परेशान करने वाला था। बिसेन ने बताया कि जब मैं मच्छी भवन आ रहा था तो रास्ते में एक पुलिस चौकी पड़ी। पुलिस वाले अपनी चारपाइयों पर आराम कर रहे थे। उन्होंने मुझे बुलाया, बैठाया और बातें करने लगे। उन लोगों ने बताया कि वे यहां नए आए हैं। मेरे यह पूछने पर कि उन्हें क्या ड्यूटी दी गई है, उन्होंने कहा कि हमें सिपाहियों से लड़ना है लेकिन उन लोगों ने यह भी कहा कि हम सिपाहियों से नहीं लड़ेंगे। काला-काला आदमी सब एक हैं। (रुद्रांश मुखर्जी, 'अवध इन रिवोल्ट' में उद्धृत, पृ. 67)

युद्ध के इस स्वरूप ने अंगरेजों को चकरा दिया था। भेद नीति में माहिर अंगरेजों को समझ में नहीं आ रहा था कि हिन्दू-मुसलमानों को लड़ाने के

उनके सारे उपाय आजमाए जाने के बावजूद ऐसा कैसे है कि शिशु हत्या करने वाले राजपूत, मताग्रही ब्राह्मण, धर्मान्ध मुसलमान, विलासप्रिय तोंदियल महत्वाकांक्षी मराठा, सब एक लक्ष्य की प्राप्ति के लिए एकजुट हो गए हैं। गो-हत्या करने वाले और गाय को पूजने वाले, सुअर से नफरत करने वाले और सुअर खाने वाले, यह चिल्लाने वाले कि अल्लाह एक है और मोहम्मद उनके पैगम्बर हैं तथा ब्रह्म के रहस्य बुदबुदाने वालों ने एक साथ मिलकर विद्रोह किया था। (थॉमस लोवे, 'सेंट्रल इंडिया ड्योरिंग द रिबेलियन ऑफ 1857 ऐंड 1858', पृ. 24)

जो बात इतनी स्पष्ट थी, उसे बिल्कुल अनदेखा तो नहीं किया जा सकता था। केयी को लिखना पड़ा कि गंगा और जमुना के बीच के क्षेत्र में शायद ही कोई हिन्दू-मुसलमान ऐसा हो जो हमारे खिलाफ युद्धरत न हो।

हालांकि इस लड़ाई के जुझारू और बहादुर योद्धा साधनों के अभाव में संघर्ष के शुरुआती दौर में हासिल की गई अपनी गौरवपूर्ण विजय को स्थायी नहीं बना पाए और अंतिम परिणाम पराजय ही रहा लेकिन इस लड़ाई में अवध की जनता के आत्मविश्वास और दिलेरी, शौर्य और साहस, समझदारी और सूझबूझ को दुश्मनों की भी सराहना मिली।

भारतीय इतिहास के इस गौरवपूर्ण अध्याय पर अखिलेश जी ने '1857 : अवध का मुक्ति संग्राम' के माध्यम से नई रोशनी डाली है। उन्होंने इस तथ्य को भी रेखांकित किया है कि इस लड़ाई ने एक बार फिर इस बात को उजागर किया था कि हिन्दू-मुसलमानों की एकता की बुनियाद कितनी पक्की है। उनके हित एक हैं, वे एक हैं।

ये लेख इसलिए भी महत्त्वपूर्ण हैं क्योंकि घुमंतू पत्रकार अखिलेश मिश्र ने, जिनके 'पावों का सनीचर' पत्रकारिता के लिए शुभ सिद्ध हुआ, अवध के जिन गांवों और स्थानों का अपने लेखों में जिक्र किया है, वहां वे खुद गए थे और वहां के लोगों से बातचीत की थी। इसलिए उनके लेखों में कुछ ऐसे नाम भी मिलते हैं जिनका जिक्र इतिहास की पुस्तकों और 'गदर' पर लिखी अन्य किताबों में नहीं है। उदाहरण के लिए, मोहम्मदी के चुन्नीलाल सक्सेना तथा मिट्ठूलाल श्रीवास्तव। 1857 की क्रांति के प्रत्यक्षद्रष्टा आवेटी गांव के साहब

दीन से भी अखिलेश जी स्वयं मिले थे।

पुस्तक में अखिलेश जी के दैनिक 'स्वतंत्र भारत'(लखनऊ) में प्रकाशित पांच लेख हैं। इनमें से तीन लेख 1947 में और दो लेख 1957 में लिखे गए थे। चूंकि लेख अखबार की स्थान सीमा के मद्देनजर लिखे गए थे इसलिए कुछ तथ्य बहुत संक्षेप में हैं। ऐसे स्थलों पर पाद टिप्पणियां देने का प्रयास किया गया है। कुछ लेखों के साथ दी गईं महत्त्वपूर्ण जानकारियां मुख्य लेख से अलग बॉक्स में दी गई थीं। इन्हें हमने परिशिष्ट एक में दिया है।

बेगम हज़रत महल अवध के मुक्ति-संग्राम की नायिका थीं। वे ही अवध की आजाद सरकार की मुखिया थीं। जिस समय मान लिया गया था कि विद्रोही सेनाओं का पराभव हो चुका है और महारानी विक्टोरिया ने कंपनी के शासन से असंतुष्ट होकर भारत का राजकाज अपने हाथ में लिया, उस समय उन्होंने अपने घोषणा-पत्र में अवध के 'विद्रोहियों' को माफी देने और उनके खिलाफ कार्रवाई न करने का आश्वासन देते हुए उन्हें अंगरेज सरकार के समक्ष आत्मसमर्पण करने को कहा था। अवध के नवाब बिरजीस कद्र के नाबालिग होने के कारण उनकी ओर से शासन चला रही बेगम हज़रत महल ने महारानी विक्टोरिया के घोषणा-पत्र के जवाब में अपना घोषणा-पत्र जारी कर उनके घोषणा-पत्र की बिन्दुवार धज्जियां उड़ाकर अवध के अवाम के सामने स्पष्ट कर दिया कि विक्टोरिया का घोषणा-पत्र एक छलावा है और अवधवासी उस छलावे के जाल में न फंसें। बेगम हजरत महल का यह घोषणा-पत्र अत्यंत महत्त्वपूर्ण ऐतिहासिक दस्तावेज है। अवध का इतिहास साक्षी है, अवध वासियों ने अपनी नेता बेगम हज़रत महल के घोषणा-पत्र पर यकीन किया था क्योंकि उसमें सचाई थी और इसीलिए भारत में महारानी विक्टोरिया का शासन आ जाने के बाद भी अवध का मुक्ति संग्राम जारी रहा था। बेगम हज़रत महल का यह महत्त्वपूर्ण ऐतिहासिक दस्तावेज परिशिष्ट दो में दिया गया है। इंग्लैंड की महारानी विक्टोरिया के घोषणा-पत्र के भी कुछ अंश परिशिष्ट दो में हैं।

स्वतंत्रता संग्राम में अप्रतिम योगदान देनेवाले जिन क्रांति नायकों का इन लेखों में उल्लेख है अथवा जिनके बारे में उस समय तक जानकारी न होने के

कारण संकेत मात्र हैं, उनके बारे में कुछ अधिक जानकारी तथा कुछ अन्य प्रासंगिक तथ्यों को पाठकों तक पहुंचाना हमें जरूरी लगा। यह जानकारियां परिशिष्ट तीन में दी गई हैं।

1857 के मुक्ति संग्राम में बढ़-चढ़कर हिस्सा लेनेवाले बहादुरों ने एक शोषक उत्पीड़क विदेशी शासन के खात्मे के लिए अपना सर्वस्व लुटा दिया लेकिन हार नहीं मानी। इतिहासकारों ने इन्हें इनका प्राप्य नहीं दिया। लेकिन इतिहास दो तरह के होते हैं। एक इतिहासकार लिखते हैं। यह इतिहास किताबों में छपता है, इसे याद करना पड़ता है। एक दूसरा इतिहास होता है जो जनता की स्मृति में बसता है, लोकगीतों, लोकगाथाओं, आख्यानों में अभिव्यक्त होता है और एक पीढ़ी से दूसरी को लोक परम्परा के रूप में मिलता चलता है। अवध की क्रांति के वर्ग-चरित्र पर इतिहासकार बहस करते रहें, लोक अपने नायकों का सम्मान करना जानता है। अवध के गांवों में राणा वेणी माधव, राजा बलभद्र सिंह, राजा देवी बख्श आदि के लोकगीत आज भी गाए जाते हैं। 1857 के नायक अवध की जनता के मन में कैसे जमकर बैठे हैं, इसकी बानगी हैं ये लोकगीत। ऐसे लोकगीत सैकड़ों की संख्या में हैं जिनमें से कुछ परिशिष्ट चार में दिए गए हैं।

नवाब वाजिद अली शाह को एक विलासी नवाब के रूप में विरूपित करने का कोई प्रयास इतिहासकारों ने नहीं छोड़ा लेकिन अखिलेश जी ने नवाब वाजिद अली शाह को एक योग्य और लोकप्रिय नवाब बताया है। लखनऊ से बिछड़ते समय उन्होंने जो नज्म कही थी, वह भी अपनी रियाया से उनके प्रेम की बानगी है। परिशिष्ट चार में हम वह नज्म भी दे रहे हैं, *'... हो न बरबाद मिरे मुल्क की या रब खिल्कत, दरो दीवार पर हसरत की नजर करते हैं, रुख्सत अय अहले वतन हम तो सफर करते हैं।'*

आज 2006 में 1857 के जन-संग्राम में अवध के योगदान को हम सिर्फ इसलिए ही याद नहीं कर रहे हैं कि यह वर्ष उस महान जनक्रांति की 150वीं वर्षगांठ का है बल्कि इसलिए भी कि इतिहास सिर्फ अतीत का लेखा-जोखा नहीं, वह सबक भी सिखाता है। आज भू-मंडलीकरण के इस दौर में जब बहुराष्ट्रीय कंपनियों की लूट का जाल आम आदमी को अपने फंदे में लगातार

कसता जा रहा है, ईस्ट इंडिया कंपनी से लोहा लेने वाला, उसे एक संक्षिप्त अवधि के लिए ही सही, लेकिन पराजित कर देने वाला वर्ष 1857 हमें बहुत कुछ सिखा सकता है।

अखिलेश जी के लेखों को पुस्तक रूप देने में हमें कई आत्मीय जनों का संबल-सहयोग मिला है। आदरणीय श्रीलाल शुक्ल जी का स्नेह सदैव मिलता रहा है। उन्होंने ही श्री कृष्ण शंकर शुक्ल रचित 'बेनी माधव बावनी' की जानकारी दी और श्री शुक्ल के अनुज श्री विजय शंकर शुक्ल से परिचित कराया जिन्होंने कृपापूर्वक 'बेनी माधव बावनी' की प्रति मुझे दी। बावनी के कुछ अंश परिशिष्ट चार में दिए गए हैं। भाई सुरेन्द्र नाथ अवस्थी (पुत्तू भइया) की आभारी हूं जिन्होंने उदारतापूर्वक अपने निजी पुस्तकालय की किताबें सुलभ कराईं।

मैं शहीद स्मारक स्वतंत्रता संग्राम शोध केंद्र पुस्तकालय की पूजा सक्सेना और भाई तेज के प्रति भी आभार व्यक्त करना चाहती हूं जिन्होंने हर तरह की मदद देकर मेरा काम बहुत आसान बना दिया। अंत में, पुनः राजकमल प्रकाशन और श्री अशोक महेश्वरी की आभारी हूं कि उन्होंने अखिलेश जी की यह पुस्तक समय की कमी के बावजूद हर वर्ष की तरह इस बार भी अखिलेश जी के जन्मदिन पर उनके पाठकों को सुलभ करा दी है।

—वंदना मिश्र

8/2, डालीबाग कालोनी
लखनऊ।
22.10.2006

विषय सूची

1

अवध का अपहरण*

अवध का दरबार लगा हुआ था। ब्रिटिश कमाण्डर इन चीफ अत्यन्त विनम्र भाव से खड़े होकर अपनी अर्धांगिनी का परिचय नवाब से करा रहे थे। भारतीय संस्कृति की गोद में पले नवाब को यह आचरण असभ्यता लगा। फौरन हुक्म हुआ—'काफी हो चुका! अब इस औरत को यहां से हटाओ।'

कौन जानता था कि इसी अंगरेज महिला का पुत्र एक दिन अवध को अंगरेजी राज्य में मिलाने का हुक्म देगा और नवाब असहाय अवस्था में कैद करके कलकत्ते भेज दिया जाएगा।

किन्तु हुआ यही। वह 'औरत' भारत के भावी गवर्नर जनरल लॉर्ड डलहौजी की माता थीं और डलहौजी के शासनकाल के आते-न आते अवध की स्थिति एक ऐसे बैंक की सी हो गई थी जिससे कम्पनी राज्य जितना भी रुपया मांगे, सिर झुकाकर देना ही पड़ता था। अंगरेजों की प्रत्येक आज्ञा नवाब

* दैनिक समाचार पत्र 'स्वतंत्र भारत' (लखनऊ) में 24 अगस्त, 1947 को प्रकाशित।

को माननी ही पड़ती थी।

अवध के सिर यह बला एक दिन में नहीं आ पड़ी थी। नियति अवध की शत्रु नहीं, मित्र बनकर आई थी। इस काले इतिहास का आरम्भ हुआ था सन् 1764 में, जब कम्पनी से अवध की पहली सन्धि हुई थी। इस सन्धि के अनुसार एक अंगरेज रेजीडेंट लखनऊ में रहने लगा। उस समय के अंगरेज रेजीडेंट हिन्दुस्तानी वेशभूषा में रहते थे और एक निम्नकोटि के अमीर की भांति दरबार में उपस्थित होते थे। ईद आदि त्योहारों पर नवाब को कम्पनी की ओर से नजर दी जाती थी और दरबार के 'छोटे से छोटे राजदूत से भी रेजीडेंट अत्यन्त विनम्र भाव से बात करता था।'

सन्धि की अनेक शर्तों में एक सर्वग्राही मन्त्र भी था। रेजीडेंट के साथ नवाब की 'सहायता' के लिए एक ब्रिटिश सेना रखने का निश्चय हुआ और यह भी तय हुआ कि उस सेना के खर्चे के लिए प्रति वर्ष 16 लाख रुपए नवाब के कोष से कम्पनी को मिलेंगे। इतिहास का प्रत्येक विद्यार्थी जानता है कि अंगरेजों ने सम्पूर्ण भारत को प्रायः इसी मन्त्र से जीता था।

यद्यपि यह तय हो गया था कि 'अवध के शासन प्रबन्ध में कम्पनी की ओर से कोई हस्तक्षेप न होगा' तथापि कुछ समय बाद ही तत्कालीन गवर्नर जनरल लॉर्ड कार्नवालिस और तदनन्तर सर जान शोर ने 'अनुचित और दुर्व्यवहारपूर्ण हस्तक्षेप' प्रारम्भ कर दिए। वास्तविकता तो यह थी कि अवध की उर्वरा और उद्यानमयी भूमि को हस्तगत करने का लोभ ब्रिटिश कूटनीतिज्ञ संवरण न कर सके। सन् 1798 में तो शोर ने एक प्रकार से सीमा का उल्लंघन कर डाला। तत्कालीन नवाब वजीर अली को गवर्नर जनरल के आदेश से गिरफ्तार करके बनारस भेज दिया गया और उनके स्थान पर सआदत अली को नवाब बनाया गया। नए नवाब के साथ 'चिरस्थायी मित्रता' (परपीचुअल फ्रेंडशिप) नामक नई सन्धि हुई और जिसके अनुसार 'सहायक सेना' (सबसीडियरी आर्मी) की संख्या बढ़ा दी गई। अब नवाब को सेना के खर्च के लिए प्रति वर्ष 76 लाख रुपए देने पड़ते थे। कुछ ही वर्षों के इतिहास ने यह बता दिया कि अंगरेजों के 'परपीचुअल' शब्द में स्थायित्व

कितना था।

शीघ्र ही अंगरेजों को एक बहाना मिला। वजीर अली बनारस में कैद थे। उन पर षड्यन्त्र का निराधार आरोप लगाया गया और कहा गया कि उन्हें कलकत्ता भेज दिया जाय। चेरी नामक एक अंगरेज रक्षक से वजीर अली की इसी बात पर कुछ कहासुनी हो गई। नवाब ने तलवार खींच ली और चेरी तथा अन्य दो अंगरेज चिरनिद्रा में सुला दिए गए। इसी अवसर पर अवध में कुछ अशांति हुई। अंगरेज तो भारत की 'सहायता' के लिए तत्पर थे ही। लॉर्ड वेलेजली ने 'सेना में सुधार करने की सलाह देते हुए' नवाब सआदत अली को एक पत्र लिखा जिसमें यह आदेश था कि 'उत्सवों के लिए जितनी सेना आवश्यक हो, उसके अतिरिक्त सारी भारतीय सेना समाप्त कर दो और उसके स्थान पर अंगरेजी सेना रख लो।' नवाब ने अपील की कि भारतीय सेना समाप्त कर देने से लाखों अवधवासी बेरोजगार हो जाएंगे और मैं राज्य में मुंह दिखाने लायक न रहूंगा। इस 'न्यायसंगत और तर्कयुक्त' प्रार्थना को अनसुनी करके दो अंगरेज पल्टनें अवध के लिए रवाना कर दी गईं।

गवर्नर जनरल ने 22 जनवरी सन् 1801 को नवाब को दूसरे पत्र में लिखा कि 'या तो कुछ सालाना पेंशन लेकर अलग हो जाओ या जो दो नई पल्टनें अवध भेजी गई हैं, उनके खर्च के लिए आधा राज्य कम्पनी के हवाले करो।' नवाब को आखिर हारकर 14 नवम्बर के दिन 'सन्धिपत्र' पर हस्ताक्षर करने ही पड़े। यह पतन की और प्रवंचना की पराकाष्ठा थी। अवध का आधा और अधिक उपजाऊ भाग, जिसकी वार्षिक आय 35 लाख से अधिक थी, अंगरेजों के हाथ में चला गया और गवर्नर जनरल के भाई हेनरी वेलेजली इस भाग के लेफ्टिनेंट गवर्नर नियुक्त हुए। ब्रिटिश पार्लियामेंट के सदस्य आर. थाम्पसन ने उक्त घटना पर कहा कि 'इस तरह तो एक डाकू द्वारा निरस्त्र राहगीर के लूटे जाने को भी कोई संधि कह सकता है।'

1 नवम्बर, 1814 को लॉर्ड हेस्टिंग्स ने नेपाल के विरुद्ध युद्ध की घोषणा की। वह स्वयं लखनऊ आए और घोषणा हुई कि 'कृतज्ञता प्रकट करने के लिए नवाब गाजीउद्दीन हैदर ने ढाई करोड़ रुपए कम्पनी को कर्ज दिए हैं'

जबकि सहायक रेजीडेंट मेजर बर्ड ने लिखा है कि 'यह रकम नवाब को सता-सताकर और यातनाएं देकर वसूल की गई थी।' नेपाल युद्ध में गोरी सेना की जीत हुई और नेपाल से जो इलाका लिया गया, उसका एक भाग अवध को ढाई करोड़ कर्ज के बदले में दिया गया। बर्ड साहब के शब्दों में 'यह क्षेत्र इतना बंजर था कि यदि एक करोड़ रुपए से कम्पनी के शेयर खरीदे जाते तो उनसे जो आमदनी होती, उसका छठा भाग भी इस इलाके से न मिल सकता था।'

दिल्ली भी तो ब्रिटिश राज्य की आंखों में खटक रही थी। लॉर्ड हेस्टिंग्स ने 22 जनवरी, 1815 को अपने रोजनामचे में लिखा है कि '...दिल्ली का बादशाह...जिसके झंडे के नीचे कभी भी चारों ओर के मुसलमान आ-आकर जमा हो सकते हैं...खतरनाक है।' यह आशंका कितनी सही थी। 45 वर्ष बाद इसी दिल्ली के बादशाह के हरे झंडे के नीचे 'चारों ओर के मुसलमान' ही नहीं, सारे भारतीयों ने जमा होकर ब्रिटिश राज्य की चूलें हिला दीं। सन् 1857 और उस समय उन वीरों का स्तुत्य प्रयत्न आज तक के हमारे स्वतन्त्रता संग्राम का पाथेय रहा है। उस सुनहले पृष्ठ को आज कोई हमारे इतिहास से मिटा नहीं सकता।

अब तक अवध के नवाब अपने को दिल्ली का अधीनस्थ शासक मानते थे। वे नवाब नहीं, नवाब वजीर थे। ब्रिटिश कूटनीति ने इस आत्मिक सम्बन्ध को भी सशंक नेत्रों से देखा और अक्टूबर 1819 में कम्पनी की ओर से लखनऊ में बड़ा समारोहपूर्ण दरबार हुआ। गवर्नर जनरल इस उत्सव में उपस्थित थे। इस दरबार में अवध के नवाब को स्वाधीन बादशाह घोषित किया गया। इस घोषणा का अर्थ था—अवध का दिल्ली से सम्बन्ध विच्छेद। नहीं! इसका एक और अर्थ था—अवध पर कम्पनी का पूर्ण आधिपत्य।

हां, अवध अब अंगरेजों का एक बैंक हो गया था। इसमें कुछ जमा करने की आवश्यकता न थी। मनमानी रकमें निकालने का अधिकार प्रत्येक गवर्नर जनरल को था और इस अधिकार का आगामी वर्षों में खुलकर उपयोग हुआ। रकम कर्ज कहकर ली जाती थी परन्तु वह लौटकर नवाब के कोष में कभी

न आती थी।

अवध में कुशासन और दुष्प्रबन्ध के लक्षण स्पष्ट हो उठे। सर हेनरी लॉरेंस ने, जो बाद में लखनऊ के रेजीडेंट नियुक्त हुए, जनवरी 1845 के 'कलकत्ता रिव्यू' में लिखा कि 'कहीं भी कुशासन कायम करने का पक्का उपाय है कि नरेश देशी हो, वजीर देशी हो, दोनों की पुष्टि के लिए विदेशी संगीनें हों और एक अंगरेज रेजीडेंट उन्हें पीछे से रोकने वाला हो।' चार्ल्स बाल की स्वीकारोक्ति है कि 'जनता को सुखी बनाने वाले सुप्रबन्ध के लिए एकमात्र उपाय था कि रेजीडेंट को वापस बुलाकर नवाब को शासन-प्रबन्ध में स्वतन्त्र कर दिया जाता। इस प्रकार अवध के कुप्रबन्ध का पाप कम्पनी के सिर पर है।'

नवाब वाजिद अली शाह ने इस पाप को पहचाना। प्रचलित किंवदन्तियों के विपरीत वह एक संयमशील और योग्य शासक थे। भारतीय सेना के संगठन के लिए कठोर नियम बनाए गए। रोज प्रातःकाल परेड होने लगी। विलम्ब से आनेवाले सेनापतियों के लिए एक हजार रुपए दण्ड का विधान बना। परेड का निरीक्षण नवाब स्वयं करता था और खुद देर से आने पर वह स्वयं दण्ड को स्वीकार करता था। पर यह योजना रेजीडेंट को 'कुछ कारणों से न रुची।' नवाब को 'बलपूर्वक' इस कार्य से विरत किया गया। अवध की दुर्दशा अन्ततः टल न सकी। ईस्ट इंडिया कम्पनी सहसा सशंक हो उठी। समझ लिया गया कि जनप्रिय और योग्य नवाब[1] से ब्रिटिश सत्ता को भयंकर धक्का लग

---

1. नवाब वाजिद अली शाह की लोकप्रियता किसी वर्ग विशेष में सीमित न थी। उनकी समस्त प्रजा, बच्चों से बूढ़ों तक अपने नवाब की जलावतनी की खबर सुनकर फूट-फूटकर रोई थी, घरों में चूल्हे नहीं जले थे। (देखें बोस्ताने अवध, जी.डी. भटनागर, 'द अनेक्सेशन ऑफ अवध' में उद्धृत, उत्तर भारती, खंड-3 (1956), पृ. 64)

'बिना अतिशयोक्ति के, इस शहर की दशा जाने आलम के शहर छोड़कर जाते समय ऐसी लगती थी जैसे देह से जान चली गई हो और शहर बेजान हो गया हो...। कोई सड़क, बाजार या घर ऐसा नहीं था जो जाने आलम के विछोह के गम में, दुख से तड़प न रहा हो।' (कैसर उत तवारीख, पृ. 180, जी.डी. भटनागर, वही में उद्धृत पृ. 65)

लोकगीतों में भी नवाब के निर्वासन का दुःख अभिव्यक्त हुआ है :

गलियन-गलियन रैयत रोवै, हटियन बनिया बजाज रे।
महल में बैठीं बेगम रोवैं, डेहरी पर रोवै खवास रे॥

सकता है। यह अंतिम और सबसे प्रधान कारण था अवध के अतिशीघ्र अपहरण किए जाने का। बहानों की खोज होने लगी। सतारा और झांसी को अंगरेजी राज्य में मिलाने के जैसे बहाने मिल गए थे, वैसे बहाने अवध के सम्बन्ध में बहुत प्रयास करने पर भी न मिल सके। लेकिन ब्रिटिश नीति में अवध अपवाद होकर रहता भी तो कैसे!

सन् 1801 की सन्धि में एक शर्त यह भी तो थी कि 'अंगरेज सरकार नवाब वजीर के समस्त इलाकों की वाह्याक्रमणों से रक्षा करेगी।' वह अवध के इतिहास में सबसे दुर्भाग्यसूचक दिन था, जिस दिन इस सन्धिपत्र पर नवाब के हस्ताक्षर हुए। वह दुर्भाग्य पराकाष्ठा पर पहुंचा सन् 1856 में जब तत्कालीन गवर्नर जनरल लॉर्ड डलहौजी ने अवध को अंगरेजी राज्य में मिला लेने का आदेश दिया 'क्योंकि अयोग्य नवाब शासन सुधार नहीं करना चाहता।'[1]

रेज़ीडेन्ट ऊटरम को आदेश मिला कि यदि नवाब 'खुशी से राज्य समर्पण न करे तो तुरंत बल प्रयोग किया जाए।' आदेश का अक्षरशः पालन हुआ। नवाब ने खुशी से आत्मसमर्पण न किया। बल प्रयोग ने निर्दोष जनता को भी अछूता न छोड़ा। निरीह अबलाओं पर, बेगमों पर अत्याचार हुए, उन्हें अपमानित किया गया। हत्याओं और बलात्कारों की प्रतिध्वनि तो आज तक लखनऊ के वायुमण्डल में व्याप्त है। नगर का एक-एक रजकण उस दिन की ब्रिटिश सभ्यता का साक्षी है।

बाद में आखिरकार नवाब को कैद करके कलकत्ते भेज दिया गया। तदनन्तर उस जनप्रिय नवाब के सम्बन्ध में अय्याशी की तमाम कल्पित और निराधार कथाएं गढ़-गढ़कर प्रचारित की गईं जिन्हें ब्रिटिश शिक्षालयों के उपाधिप्राप्त अभागे लखनवी आज तक सच मानते हैं।

परन्तु तब का लखनऊ तो सत्य से इतना अनजान न था। बेगम हजरत महल और मौलवी अहमदुल्लाह शाह (जिस शहीद का नाम अवध के इतिहास

1. 7 फरवरी, 1856 को अवध को औपचारिक रूप से ब्रिटिश साम्राज्य का अंग घोषित कर दिया गया। नवाब 'अयोग्य (नालायक!)' इसलिए कहा गया क्योंकि उसने उस संधि-पत्र पर हस्ताक्षर करने से इनकार कर दिया था जिसके तहत अवध का प्रशासन ईस्ट इंडिया कंपनी को सौंपा जाना था।

में सदा स्वर्णाक्षरों में लिखा रहेगा) उस महान शस्त्रागार की तैयारी में लग गए जिसका विस्फोट एक वर्ष बाद मेरठ में समय से कुछ दिन पहले हो गया। हजारों पंडित और मौलवी प्रचार कार्य में लग गए। लखनऊ की एक-एक गली, एक-एक घर दुर्ग बन गया। जगह-जगह प्रार्थनाएं और गुप्त मंत्रणाएं होने लगीं। हिन्दू और मुसलमान मिलकर राह देखने लगे कि कब वह हरा झण्डा लखनऊ पर फिर से फहराया जाता है और कब अन्त होता है प्लासी के युद्ध से प्रारम्भ होने वाले हमारे बंधन के इतिहास का!

2

प्रेरणा-प्रदायक अवध*

क्या सन् 1857 का भारतीय स्वातन्त्र्य संग्राम केवल कुछ सैनिक छावनियों का गदर था? क्या कंपनी राज्य ने जिन राजाओं और नवाबों को अपदस्थ कर दिया था, उनके द्वारा अवसर से लाभ उठाने के कुचक्र के फलस्वरूप ही प्रबल जनक्रांति की वह आंधी आ गई थी जिसने अंग्रेजी राज्य की चूलें हिला दी थीं और जिसकी गौरव-गाथा सुदूर देहातों में मुखरित होने वाले लोकगीतों में आज तक सुरक्षित है? क्या पग-पग पर कुशलतम अंगरेज सेनापतियों को तिल-तिल भूमि पहाड़ बना देने वाले लोग असंख्य जनता का नेतृत्व करने वाले जननायक नहीं थे बल्कि लुटेरे या गुंडे थे? आज से 100 साल पहले अनगिनत लोगों का प्राणोत्सर्ग किसी सुनिश्चित योजना के अधीन था, या केवल आकस्मिक, संयोगवश हुआ आवेशपूर्ण विस्फोट? संक्षेप में—वह जनक्रांति थी या नहीं, यह एक बड़ा प्रश्नचिह्न है।

सच पूछा जाए तो ये प्रश्नचिह्न सामान्य जनता के लिए न एक शताब्दी पूर्व

* दैनिक समाचार पत्र 'स्वतंत्र भारत' (लखनऊ) में 26 मई, 1957 को प्रकाशित

वास्तविक थे, न आज हैं। पर अंगरेज शासन काल के वर्षों में राष्ट्र की गौरवान्वित आत्मा को कुंठित करने का प्रयास इतिहास को विकृत करके किया गया है। कुछ स्वार्थी इतिहासकारों द्वारा फैलाए गए भ्रम के मायाजाल में कुछ पढ़े-लिखे भारतीय आज भी फंसे हुए हैं। पर यदि तत्कालीन अवध के ही घटनाक्रम पर ध्यान दे लिया जाए तो यह भ्रम तुरंत दूर हो जाएगा।

पूरे अवध के कोने-कोने में क्रांति की ज्वाला एक साथ उभरी और अंगरेज सत्ता एक सप्ताह के भीतर तिरोहित हो गई। अकेले यही तथ्य जन-साधारण के स्वातन्त्र्य संकल्प, समवेत प्रयास और सुनियोजित सहयोग का अकाट्य प्रमाण है। प्रमुख राजधानियों में अंगरेजी राज्य के पुन: स्थापित हो जाने के बाद भी महीनों तक गांवों में अंगरेज सेना को लोहे के चने चबाने पड़े। सब शांत हो जाने के बाद एक जन-नेता के आते ही दुबारा जनता का बलिदान आरम्भ हो जाता था। पराजय के बाद भागने वाले नेताओं को जिस प्रकार संरक्षण देकर भारतीय सीमा के बाहर तक जनता ने पहुंचाया और उनका पीछा करने वाली गोरी फौज का जिस प्रकार गांव-गांव में प्रबल प्रतिरोध हुआ, जिस तरह जगह-जगह पेड़ों से लटकाकर अनगिनती स्वातन्त्र्य वीरों को फांसी दी गई, गांव और बाजार फूंके गए, कत्लेआम किए गए, लोग जीवित जलाए गए—क्या उससे ही स्वातन्त्र्य संग्राम की सार्वजनीनता सिद्ध नहीं हो जाती? फैजाबाद से लेकर शाहजहांपुर तक मौलवी अहमदुल्लाह शाह ने[1], कानपुर और बिठूर से झांसी तक तात्या टोपे[2], उन्नाव, रायबरेली तथा फतेहपुर हंसवा एवं प्रतापगढ़ के बैसवारा अभियान क्षेत्र में राणा वेणीमाधव[3] और राव रामबख्श[4], बाराबंकी से नेपाल सीमा तक गोंडा-बहराइच में राजा देवीबख्श सिंह[5], रानी

---

1. क्रांति के सूत्रधारों में से एक । विस्तृत परिचय के लिए देखें परिशिष्ट।
2. नाना साहब के सेनापति और मित्र। रणनीति और वीरता के लिए प्रसिद्ध। छापामार युद्ध के विशेषज्ञ। परिशिष्ट भी देखें।
3. बैसवाड़े के क्रांतिनायक, रायबरेली की शंकरपुर रियासत के स्वामी। लखनऊ की पराजय के बाद भी वह क्रांति की लौ जगाए रहे और छापामार युद्ध द्वारा अंगरेजों को छकाए रहे। देखें परिशिष्ट।
4. राव रामबख्श सिंह डौंडियाखेडा (उन्नाव) के राजा। देखें परिशिष्ट।
5. गोंडा के राजा जिन्होंने लखनऊ से घाघरा पार तक की लड़ाइयां लड़ीं और अंत में बेगम के साथ नेपाल गए। देखें परिशिष्ट।

तुलसीपुर[1] एवं राजा बलभद्र सिंह[2] के सहयोगियों ने और बिहार सीमा के उस पार से आकर भोजपुर के रणबांकुरे कुंवर सिंह[3] व अमर सिंह[4] ने कानपुर में नाना साहब तथा अवध (राजधानी लखनऊ) में नाबालिग नवाब बिरजीस कद्र और उनकी संरक्षक बेगम हजरत महल जैसे स्वातन्त्र्य प्रतीकों के शासनांतर्गत स्वतंत्र क्षेत्र के रक्षार्थ सब ओर से आक्रमण करने के लिए आती हुई अंगरेज, सिख तथा गुरखा पल्टनों के मुकाबले छापामार युद्ध का जो कौशल दिखाया था, वह प्रबल जनसहयोग के बिना संभव नहीं। खीरी लखीमपुर, सीतापुर और हरदोई के गांवों से अपने आप उमड़कर जनता ने बेगम हजरत महल को अंगरेजों से लड़ने तथा बच निकलने में जिस तरह सहयोग दिया, वह स्वतंत्रता-प्राप्ति की उत्कट जनकामना का प्रमाण है।

खैराबाद में इतिहास प्रसिद्ध अफगान सम्राट शेरशाह का किला स्वातन्त्र्य संग्राम का महत्त्वपूर्ण गढ़ था और अंगरेजों की तोपों से ही वह धराशायी हुआ था। लखनऊ में स्वतंत्र सरकार के पराभव के बाद बेगम और नाबालिग नवाब ने यहीं के मुंशी हरप्रसाद[5] के यहां शरण ली थी। खैराबाद में कितने वीरों ने प्राणों की बलि दी, इसका पता चलना ही असंभव है। लखनऊ के स्वातन्त्र्य संग्राम का दमन करने के लिए अग्रसर नेपाली सेना का मार्ग में ही अम्बरपुर और दौरारा[6] के दुर्गों पर निहत्थे ग्रामीणों ने मुकाबला किया और जब तक एक व्यक्ति भी जीवित रहा, नेपाली सेना आगे न बढ़ सकी। इस प्रकार के असंख्य अज्ञात शहीद, जो न सैनिक थे—न राजा, स्वतन्त्रता के लिए बलिदान हुए थे। संडीला (हरदोई) से नाना घोघूपंत की सहायतार्थ चलकर छह महत्त्वपूर्ण युद्धों में अंगरेजों को परास्त करनेवाले गुलाब सिंह[7] राजा न थे, सेना में भी न

---

1. रानी तुलसीपुर ने अंगरेजों के खिलाफ बेमिसाल बहादुरी दिखाई थी। देखें परिशिष्ट।
2. 18 वर्षीय बलभद्र सिंह, चहलारी का जमींदार। देखें परिशिष्ट।

3-4. कुंवर सिंह राणा वेणीमाधव के नजदीकी रिश्तेदार थे। उनकी पोती का विवाह राणा वेणीमाधव के पुत्र से हुआ था। अमर सिंह कुंवर सिंह के छोटे भाई थे। देखें परिशिष्ट।

5. मुंशी हरप्रसाद खैराबाद के चकलादार थे। विस्तृत परिचय के लिए देखें परिशिष्ट।
6. अंबरपुर और दौरारा की लड़ाई में क्रांतिकारियों की वीरता की प्रशंसा के लिए देखें मालेसन, इंडियन म्यूटिनी, खंड-4, पृ 227
7. गुलाब सिंह संडीला (हरदोई) के निकट बेरुआ रियासत के दीवान थे। वह लखनऊ, कानपुर, रहीमाबाद, मलीहाबाद, संडीला, जामू,मल्हेरा, आदि की लड़ाई में बहुत बहादुरी से लड़े थे। गुलाब सिंह के नाना साहब से बहुत अच्छे सम्बन्ध थे। नाना साहब एक बार बेरुआ गुलाब सिंह के पास आए भी थे। क्रांतिकारियों की पराजय के बाद गुलाब सिंह भी नाना साहब के साथ नेपाल चले गए थे।

थे। गुलाब सिंह के छोटे भाई ने अपना सिर काटकर बड़े भाई के चरणों में डाल दिया लेकिन परिवार का मोह उन्हें स्वातन्त्र्य संग्राम से विरत न कर सका था। इस प्रकार की प्रेरणा-प्रदायक निष्ठा की पवित्रता के प्रति भी इतिहासकारों ने सत्यपरकता का परिचय नहीं दिया।

शाहजहांपुर, लखीमपुर, खीरी और सीतापुर में जन-आंदोलन का वह रूप दिखाई पड़ा जिसमें ग्रामीणों ने उन्मुक्त योगदान किया था। स्वातन्त्र्य संग्राम के अनेक वीरों को लखीमपुर ने अंगरेजों के क्रूर हाथों से प्रताड़ित एवं अपमानित होने से बचाया था। वे वहीं नेपाल सीमा के जंगलों में अंतिम समय तक रहे। उनके डीह आज भी पूजे जाते हैं। औरंगाबाद के पश्चिम गोमती तट पर अंगरेजों का कब्रिस्तान ही वहां के स्वातन्त्र्य संग्राम का एकमात्र स्मारक है।

लखनऊ के बाद उत्तरी अवध में स्वातन्त्र्य संग्राम का सबसे महत्त्वपूर्ण गढ़ मितौली (खीरी) हो गया था जिसका नेतृत्व राजा लोने सिंह[1] ने किया था। चुन्नीलाल सक्सेना, मिट्ठूलाल श्रीवास्तव, मुंशी जहीरुल हसन और सरदार खन्ना सिंह ने शाहजहांपुर तथा सीतापुर से आनेवाले अंगरेज सैनिकों को निरस्त्र तथा गिरफ्तार करके बेगम की सरकार को सौंपा था। सरदार खन्ना सिंह स्वयं सेना लेकर लखनऊ के युद्ध में भाग लेने आए थे और वहीं एक धंसी हुई तोप निकालते समय गोली लग जाने से वीरगति को प्राप्त हुए थे। लखनऊ के पराभव के बाद बेगम हजरत महल और नाबालिग नवाब बिरजीस कद्र खैराबाद होते हुए मितौली आ गए थे और तब नजीबाबाद के फीरोज शाह,[2] रुइया के नरपत सिंह,[3] धौरहरा के गुलाब सिंह ने यहां के दुर्ग की रक्षा के लिए प्राणों की बाजी लगा दी थी। सीतापुर के अहवन के विश्वासघात से अंगरेजों को दुर्ग का भेद तो ज्ञात हुआ पर अंगरेजों के पहुंचने से पहले ही राजा लोने सिंह बेगम और नवाब को लेकर गायब हो चुके थे।

क्रांति के प्रयासों में कैसी एकसूत्रता थी, यह इस बात से ही प्रकट है कि

---

1. मोहम्मदी के चकलेदार, विवादास्पद व्यक्तित्व। विस्तृत परिचय के लिए देखें परिशिष्ट।
2. सम्राट बहादुरशाह के निकट संबंधी। दिल्ली पराजय के बाद अवध आए और अनेक युद्धों में वीरता का प्रदर्शन किया।
3. बिलग्राम (हरदोई) से दस मील दूर रुइया के राजा नरपत सिंह ने अनेक युद्धों में भाग लिया। विवरण के लिए देखें परिशिष्ट।

दिल्ली में जरवल (बहराइच) के छपे पर्चे दीवारों पर चिपके थे जिनमें लिखा था— 'भारतीयों सावधान रहो, तारीख मत भूलना, ईरानी फौज तुम्हारी मदद को आएगी।' 30 मई को—अर्थात जिस तारीख को भारत में सर्वत्र एक साथ फौजों द्वारा विद्रोह अकस्मात आरम्भ कर (इसमें जनता की भागीदारी भी तय थी) सम्राट बहादुरशाह को सम्राट मान लेने तथा उनकी पताका फहराने की योजना थी—विदेशों तक में भारतीयों की सफलता के लिए उपासनाएं हुई थीं। यह पूर्व नियोजित आंदोलन में ही संभव था। वस्तुतः क्रांति का सन्देश बहुत पहले से कोने-कोने में गूंज उठा था और क्रांति के प्रमुख सेनानी नाना साहब[1], तात्या टोपे, अजीमुल्लाह खां[2], मौलवी अहमदुल्लाह शाह, कुंवर सिंह आदि कई बार आपस में मंत्रणा कर चुके थे।

जौनपुर में दिल्ली नरेश फीरोजशाह निर्मित शाही किला था जिसके भग्नावशेष आज भी सन् '57 के स्वातन्त्र्य संग्राम के स्मारक हैं। चारों ओर की दीवारें तोपों की गोलाबारी से ध्वस्त हैं लेकिन फाटक पर जड़े रंगीन पत्थर उस वैभव की याद दिलाते हैं जिसे विजयी अंगरेज सेना ने नष्ट कर दिया था। किले के अन्दर की मस्जिद हिन्दू शिल्पकला की सजीव प्रतीक है। उस मस्जिद का एक और भी महत्त्व है। स्वातन्त्र्य युद्ध आरम्भ होने के पूर्व बिहार के कुंवर सिंह तीर्थाटन के बहाने मंत्रणा करते हुए झांसी, बिठूर, लखनऊ आदि घूमे थे, तब मौलवी अहमदुल्लाह शाह से उनकी मंत्रणा यहीं हुई थी।

इसी मंत्रणा के फलस्वरूप अवध के दमनार्थ मिलमैन के नेतृत्व में आजमगढ़ होकर जा रही गुरखा सेना को अवध के आग्रह पर रोकने के लिए 25 मील दूर अतरौलिया पर कुंवर सिंह ने सेना जमा की। कर्नल डेम्स को परास्त करके 81 वर्षीय कुंवर सिंह ने आजमगढ़ को स्वतंत्र करा लिया और अंगरेज सेना किले में कैद हो गई। कुंवर सिंह ने यहीं से बनारस की ओर

---

1. बाजीराव पेशवा के दत्तक पुत्र। क्रांति के सूत्रधारों में से एक। देखें परिशिष्ट।
2. नाना के राजनीतिक सलाहकार। उत्तराधिकार के मामले में नाना का पक्ष रखने के लिए इंग्लैंड भी गए थे। क्रांति के सूत्रधारों में से एक। अंगरेजों का मानना था कि अजीमुल्लाह ने 1857 की क्रांति के लिए कुस्तुंतिया के उमर पाशा से भी मदद मांगी थी। उन्होंने उन्हें पत्र लिखकर ब्रिटिशों के अधीन भारत की दुर्दशा और सिपाहियों के असंतोष की जानकारी दी थी। उन्होंने फ्रांसीसी सरकार को भी इसी आशय के पत्र भेजे थे। (लॉर्ड रॉबर्ट्स, फोर्टी वन ईयर्स इन इंडिया, पृ. 428-9)

हमला किया और अवध की स्वातन्त्र्य सेनाओं से सम्पर्क स्थापित किया। मार्क कर छावनी छोड़कर भाग गया। लगर्ड और डगलस की अंगरेज सेनाओं को संड़सीनुमा व्यूह में फंसाकर परेशान करने वाले, छापामार युद्ध के इस विशेषज्ञ ने अपने अनुज अमर सिंह के साथ बलिया में ही शिवपुर नामक स्थान पर गंगा पार करके अपने इलाके जगदीशपुर को स्वतंत्र कराया था।

बैसवाड़े* का साहसिक संघर्ष

कानपुर और लखनऊ के बीच स्थित बैसवाड़े के वीरों ने दोनों ओर की स्वतन्त्र सरकारों की रक्षा के लिए अंगरेज सेना से अनगिनती युद्ध लड़े थे। 26 जून

* नवाबों के शासन काल में बैसवाड़ा अवध के 12 जिलों में से एक था। बैसवाड़े ने ही 1857 की लड़ाई सबसे जोरदार ढंग से और सबसे लम्बे समय तक लड़ी। इसी लड़ाई में बैसवाड़े की आत्मसम्मानपूर्ण जुझारू भूमिका और अदम्य साहस के कारण अंगरेजों ने उसे बाद में चार जिलों में बांट दिया—उन्नाव, रायबरेली, लखनऊ और बाराबंकी। 1857–58 में अंगरेजों को सबसे प्रबल प्रतिरोध इसी क्षेत्र में झेलना पड़ा। लखनऊ पर अंगरेजों का कब्जा हो जाने के बाद भी बैसवाड़ा में राणा वेणीमाधव और राव रामबख्श ने अंगरेजों के दांत खट्टे किए थे और उन्हें चैन से बैठने नहीं दिया था। राणा वेणीमाधव शंकरपुर (रायबरेली) के थे और राव रामबख्श सिंह डौंडियाखेड़ा के। लॉर्ड क्लाइड के बैसवाड़े पर चढ़ाई करने के बाद ही वहां के स्वतंत्रता सेनानियों को कुछ पस्त किया जा सका था। बैसवाड़े का जन-जन इस लड़ाई में शरीक था। राणा वेणीमाधव ने स्लीमेन से सच ही कहा था कि जरूरत पड़ी तो हमारे सारे किसान हमारे साथ लड़ाई में उतरेंगे। बैरो के अनुसार बैसवाड़ा का शायद ही कोई गांव ऐसा हो जिसने वेणीमाधव की विशाल सेना में अपने यहां से लोग न भेजे हों। (मेटकॉफ, लैंड, लैंडलॉर्ड्स ऐंड द राज, पृष्ठ 132)

बैसवाड़े के लोग बलिष्ठ और युद्ध कला में निपुण थे। स्लीमन के अनुसार 1825 के लगभग सेना के लिए करीब 30 हजार आदमी अकेले बैसवाड़ा और उसके निकटवर्ती क्षेत्र से ही मिल जाते थे। (स्लीमन, जर्नी, I पृ. 770)। पुराने दिनों में बंगाल आर्मी को उसके सर्वश्रेष्ठ सिपाहियों में से लगभग 40 हजार अकेले बैसवाड़ा ही देता था। (डब्ल्यू. एच. रसेल, माई इंडियन म्यूटिनी डायरी, सं.एम. एडवर्ड्स-लंदन 1957, पृ. 227)। शायद इसलिए भी आत्मसम्मानी बैसवाड़ा इतने लम्बे समय तक और इतने सशक्त ढंग से अंगरेजों का प्रतिरोध कर सका।

'अवध में इतने लम्बे समय तक विद्रोह जारी रहने का एक कारण यह भी माना गया कि अंगरेज बैसवाड़े का दमन नहीं कर सके। पूरे इलाके पर अंगरेजों का कब्जा हो जाने के बावजूद पराक्रमी राजा वेणीमाधव अजेय बने रहे। उनकी छापामार युद्ध की तकनीक ने अंगरेजों को हलकान किए रखा। राणा वेणीमाधव के बारे में पता चलता था कि अभी वह अमुक स्थान पर हैं लेकिन वहां पहुंचने पर पता चलता था कि वह उसी वक्त कहीं और देखे गए हैं।'

को जब कानपुर में व्हीलर ने तोपखाना और खजाना नाना साहब को सौंपकर आत्मसमर्पण कर दिया तो नाना साहब ने अंगरेजों को इलाहाबाद सुरक्षित पहुंचाने का वचन दिया। पर इलाहाबाद में नील के अत्याचारों से अवध की जनता इतनी उत्तेजित थी कि उसने अंगरेजों पर हमला कर दिया। मरते-खपते 13 अंगरेज डीलाफोस के नेतृत्व में नाव लेकर इलाहाबाद की ओर रवाना हुए। नजबगढ़ (उन्नाव) पर उन्होंने नाव छोड़कर पैदल आगे बढ़ना आरम्भ किया। बैसवाड़े में उस समय राणा वेणीमाधव (शंकरगढ़) और राव रामबख्श सिंह (डोंडियाखेरा), नायन के भगवान सिंह,[1] अमेठी के लाल माधो सिंह,[2] तिलोई के जगपाल सिंह[3] का जोर था और स्वातन्त्र्य प्रेमी दस्ते इधर-उधर गश्त लगाते रहते थे। बक्सर में बाबू यदुनाथ सिंह के नेतृत्व में एक सैन्य टुकड़ी से इन अंगरेजों की मुठभेड़ हो गई और बाबू जी की यहीं गोली लगने से मृत्यु हो गई। क्रुद्ध भीड़ ने अंगरेजों का पीछा किया तो वे भागकर एक मंदिर में (भीतर की मूर्तियां बाहर फेंककर) जा छुपे। बाहर पड़ी मूर्तियों से सुराग पाकर भीड़ ने मंदिर को घेरा और मंदिर में आग लगा दी। सपत्नीक डीलाफोस को छोड़कर सब जलकर मर गए। डीलाफोस दम्पति राजा साहब मुरारमऊ के शरणागत होकर उनकी मदद से ही इलाहाबाद पहुंच पाए।

कानपुर-लखनऊ मार्ग पर बशीरतगंज और आलमबाग के मोर्चे बैसवाड़े के वीरों ने ही संभाले थे, अतः 1 मई 1858 को सर होपग्रांट बैसवाड़ा को पराभूत करने पुरवा (उन्नाव) पहुंचे। पश्चिम गांव और नेहस्था के किलों को उन्होंने जीता, गांवों में आग लगा दी, कत्लेआम किया। विद्रोहियों ने मुकाबले के लिए राव रामबख्श सिंह का डोंडियाखेरा एकदम जनहीन कर दिया। अतः अंगरेजों को वापस भगवंतनगर जाना पड़ा। वहां से पांच मील पर लोन नदी के तटवर्ती सेमरी पर स्वतन्त्र सैनिकों ने पाटन बिहार (उन्नाव) के दो भाइयों शिवरतन सिंह तथा जगमोहन सिंह के नेतृत्व में मोर्चेबन्दी की। युद्ध में शिवरतन सिंह मारे गए और जगमोहन सिंह घायल हुए। उनकी सहायता के

1. राणा वेणीमाधव के निकट संबंधी। कई लड़ाइयों में राणा के साथ रहे। बाद में गिरफ्तार हुए। इनके बारह गांव जब्त हुए।
2. शुरू से ही क्रांतिकारियों के साथी। अनेक युद्ध लड़े।
3. मुक्ति संग्राम के अंतिम दौर में अंगरेजों के पक्ष में चले गए थे। विद्रोहियों ने उनका जीना मुश्किल कर दिया।

लिए राणा वेणीमाधव अपनी सेना सहित पहुंचे और सर होपग्रांट को पुरवा तक खदेड़ ले गए। तीन दिनों के इस युद्ध से घबड़ाकर ग्रांट लखनऊ भाग गए। उधर कानपुर के अंगरेज सेनापति हैवलाक को तात्या टोपे के छापामार आक्रमणों के कारण दो बार लखनऊ के रास्ते से लौटना पड़ा था। तात्या की मार कानपुर से झांसी-ग्वालियर तक थी। अंगरेज अफसरों से कुछ करते-धरते न बनता था।

बक्सर और सेमरी के युद्धों के बाद भीरा, शंकरगढ़, हरचन्दपुर और रायबरेली में कई युद्ध हुए लेकिन कुछ लोगों के विश्वासघात के फलस्वरूप राणा और राव की पराजय हुई। राव रामबख्श सिंह इसके बाद बनारस चले गए और विश्वासी सेवक चंदी के विश्वासघात के फलस्वरूप गिरफ्तार होकर फिर बक्सर लाए गए। उन्होंने क्षमा मांगने से इनकार किया और 8 जून, 1861 को बरगद के पेड़ से लटका कर इस वीर को फांसी दी गई।

राणा वेणीमाधव का धैर्य असीम था। वह इन पराजयों के बाद भी कानपुर में नाना और लखनऊ में बेगम की सहायता के लिए बेताब थे। कानपुर में नाना की पराजय का समाचार मिला। यह भी पता चला कि नाना साहब भी लखनऊ की ओर गए हैं, अतः वेणीमाधव ने लखनऊ पर काबिज अंगरेजों पर हमला किया। बैसवाड़े के कण-कण को युद्ध स्थल बनाने वाले इस सेनानी ने अब लखनऊ के चप्पे-चप्पे को कुरुक्षेत्र बना दिया। पर बेगम इससे पहले ही मूसाबाग से शहजादे को लेकर निकल चुकी थीं।

नाना साहब भी संडीला में दिखे थे, उसके बाद से उनका कुछ पता न था। मौलवी अहमदुल्लाह शाह की हत्या हो चुकी थी। अतः अंगरेजों की तगड़ी मोर्चेबन्दी को चीरकर राणा बेगम और नाना साहब को खोजने निकल पड़े। जिस गांव में वह पहुंचते थे, वहां कुछ समय के लिए तो स्वतन्त्रता की लहर आ ही जाती थी।

बाराबंकी

आज का बाराबंकी शहर उस समय का नवाबगंज था और जिले का सदर मुकाम था दरियाबाद जिसके पास में टिकैतनगर आज तक अवध के प्रख्यात दीवान टिकैत राय का स्मारक है। निकटस्थ रामपुर के राय साहबों ने उस गांव को भी युद्धक्षेत्र बना दिया था। जहांगीराबाद और हड़हा में बांस के जंगल उस समय स्वातन्त्र्य प्रेमियों ने अंगरेजों की फौज के विरुद्ध रक्षापंक्ति के रूप में लगाए थे, जिनका सन् 1942 के आंदोलन तक में क्रांतिकारियों ने उपयोग किया था।

दरियाबाद में अंगरेजी खजाना लुट जाने के बाद डिप्टी कमिश्नर बेंसन् और कप्तान हॉब्स भागकर लखनऊ चले आए थे तथा राजा हड़हा, रामपुर के राय साहबों और साही के राम सिंह ने पूरा बाराबंकी 30 जून, 1857 तक स्वतन्त्र करके सम्राट बहादुर शाह का सुनहरे सूरज वाला रेशमी झंडा सर्वत्र फहरा दिया था।

एक वर्ष बाद लखनऊ अंगरेजों द्वारा पराभूत होने पर विद्रोही सेनाएं कुर्सी पहुंचीं और वहां सर होपग्रांट की सेना से उनका युद्ध हुआ। विजयी अंगरेज सेना पीछा कर रही थी। स्वातन्त्र्य सैनिक रामनगर से मितौली, मितौली से मसौली (बाराबंकी) और वहां से जहांगीराबाद पहुंचे। जहांगीराबाद के राजा रज्जाक बख्श का मजबूत किला उसी समय अंगरेज और सिख फौज ने ढहा दिया था। आसपास के जंगलों में आग लगा दी गई थी। अंगरेज सेना जब नवाबगंज पहुंची तो स्वातन्त्र्य सैनिकों ने जमुरिया के टीले पर रक्षापंक्ति बनाई ताकि उत्तर के स्वतन्त्र इलाकों की ओर गोरे बढ़ने न पाएं। चिनहट पर होपग्रांट की फौज में पुर्नल की फौज भी आ मिली थी और इस प्रकार उसकी शक्ति भी दूनी हो चुकी थी पर जमुरिया में चहलारी के राजा बलभद्र सिंह के नेतृत्व में जो जबरदस्त मोर्चा[1] लिया गया, वह सर होपग्रांट के शब्दों में 'केवल दो

1. इस अविस्मरणीय युद्ध में बौंडी के राजा हरदत्त सिंह तथा चर्दा के राजा भी लड़े थे लेकिन युद्ध की विभीषिका देखते हुए उनके पीछे हट जाने तथा कम उम्र (18 वर्ष) के बावजूद लड़ाई का नेतृत्व संभालकर अभूतपूर्व वीरता का प्रदर्शन करते हुए अपने प्राण बलिदान कर देने के कारण राजा बलभद्र सिंह ही इस युद्ध के नायक के रूप में याद किए जाते हैं।

तोपों की सहायता से खुला हमला, शौर्य तथा रणकौशल की दृष्टि से—भारत की अनेक लड़ाइयां देखने के बाद भी—अविस्मरणीय एवं अद्वितीय था।' यहां 600 भारतीयों ने वीरगति प्राप्त की। निकटस्थ आवेटी गांव में 115 वर्षीय साहबदीन अभी जीवित हैं जो युद्ध के प्रत्यक्षद्रष्टा हैं।

नवाबगंज की पराजय के बाद घाघरा और चौका नदियों के बीच स्थित मिटौली दुर्ग पर राजा गुरुबख्श सिंह ने स्वातन्त्र्य युद्ध का नेतृत्व किया—उस दुर्ग और बस्ती का आज निशान भी नहीं है।

बाराबंकी जिले में भी एक बेगम की कोठी है जो अब तक खंडहरों के रूप में है। राजा लोने सिंह के यहां से आकर बेगम हजरत महल और नवाब बिरजिस कद्र यहीं ठहरे थे और यहीं उन्हें राणा वेणीमाधव खोज पाये थे और यहीं से तीनों नेपाल की तराई में निकल गए थे। पीछा करती हुई अंगरेज सेना चकित हो गई, जब उसने राजा राम सिंह[1] के पथ-प्रदर्शन में विद्रोही सेना को बरसात में बढ़ी घाघरा को घोड़ों से और पैदल पार करते हुए देखा। बाबा राम सनेही[2] के बलिदान की स्मृति आज भी रामसनेही घाट को देखकर हो आती है। अंततः बेगम और राजा जरवल पहुंचे थे। रास्ते का पूरा इलाका—आज का गोंडा, फैजाबाद, बहराइच और कपूरथला—गोंडा के राजा देवीबख्श सिंह, बौंडी के राजा हरदत्त सिंह, रेहुआं के राजा रघुनाथ सिंह तथा वीर महिला तुलसीपुर (गोंडा) की रानी के नेतृत्व में स्वतन्त्रता का शंखनाद कर रहा था।

राजा देवीबख्श सिंह ने अंगरेजी फौज के लिए घाघरा और सरयू पार करना असम्भव कर दिया। 18 महीने तक छोटी-बड़ी दर्जनों मुठभेड़ें हुईं। अंतिम युद्ध अयोध्या के उत्तर में सरयू-तट पर लमती नामक स्थान पर हुआ।

फैजाबाद राजा बालकृष्ण राव का जन्मस्थान था जो अवध के आन्दोलन के कर्णधारों में प्रमुख थे तथा अवध की स्वतन्त्र सरकार में वित्तमंत्री थे। मौलवी अहमदुल्लाह शाह के वे अन्यतम सहयोगी थे।

बहराइच जिले के बौंडी, चर्दा और अकौना क्षेत्र स्वातन्त्र्य संग्राम के गढ़

---

1. राम सिंह अंगरेजों से गोराबाग में लड़े थे। मांझा में झाऊ के जंगलों में छापामार तरीके से अंगरेजों को परास्त किया।
2. बाबा राम सनेही ने बाराबंकी में अंगरेज फौजों को आगे बढ़ने से रोका था। माना जाता है कि वह इसी लड़ाई में शहीद हुए थे।

थे। बौंडी में रैकवार वंश के राजपूत राजा थे। चर्दा और अकौना जनवार राजपूतों की रियासत थी। राजपूती तलवार के जौहर और आत्मोत्सर्ग के बाद भी रूठी स्वतन्त्रता उस समय मनाई न जा सकी और इन रियासतों का नामोनिशान मिट गया। प्राय: जनशून्य रूप में ये रियासतें बाद में कपूरथला रियासत को अंगरेजों की मदद करने के इनाम में मिलीं।

सुलतानपुर में अंग्रेज सेनापति कर्नल फिशर को समाप्त कर तथा नगर को स्वतन्त्र कर जनता ने मेंहदी हसन को प्रबन्धक बनाया था। पूरे अमहट गांव को 'बागी गांव' कहा गया है। साढ़े आठ माह बाद 23 फरवरी, 1858 को वहां लौरी नदी के बाएं तट पर बसे पूरे नगर को ध्वस्त करके दाहिनी ओर नया खैरख्वाह शहर बसा जिसकी रक्षा के लिए गोरी सेना सन् 1861 तक रही। नए सुलतानपुर को पड़ोसी गांवों के लोग कम्पू (सेना शिविर) कहते हैं। मुहल्लों के नाम पल्टन बाजार, पारकिन गंज तथा एक गोरा बैरक नामक गांव बताता है कि वहां की जनता अंगरेज सत्ता से कितनी छत्तीस थी। अमोह पार्क युद्ध, लमती के मैदान में सुलतानपुर ने महत्त्वपूर्ण योगदान किया था।

लमती में पराजय के बाद राजा देवीबख्श सिंह जगनाकोट पहुंचे तथा दूसरी पत्नी भदावर की राजकन्या को घोड़े पर बैठा कर नेपाल के सीमा स्थित पार्वत्य प्रदेश में निकल गए। गोरी फौज उनका पता न लगा सकी। राजा का शेष जीवन पत्नी सहित योग-साधना में बीता। रतननाथ मंडप के पास कुटी में अंतिम पराजय के कुछ ही दिनों बाद उन्होंने इहलीला समाप्त की।

नाना साहब और बाला राव का जब ब्रिगेडियर पिंके ने पीछा किया तो वह भी इसी क्षेत्र में शरणागत हुए। इन्हें गिरफ्तार करने में असफल होकर अंगरेज सेना तुलसीपुर गई जहां रानी ने अंतिम सांस तक अंगरेजों से लोहा लिया। नाना साहब और बाला राव का देहान्त भी राजा देवीबख्श की कुटी पर ही हुआ।

जरवल पर संकट के बादल आते देखकर भारतीयों ने बेगम हजरत महल और नाबालिग नवाब को सुरक्षार्थ बौंडी के हरदत्त सिंह के यहां पहुंचा दिया और ये सब लोग भी बाद में सुरक्षित नेपाल पहुंच गए। बेगम के साथ नेपाल के राजा ने धोखा किया और उनको कंपनी सरकार का यह प्रस्ताव मानने का

सुझाव दिया कि यदि वह आत्मसमर्पण कर दें तो उन्हें उनका पुराना मान-सम्मान वापस मिल जाएगा और उन्हें उनके सम्मान के अनुरूप पेंशन दी जाएगी। बेगम ने नेपाल में गरीबी में, निर्वासित जीवन जीना बेहतर समझा और समर्पण से इनकार कर दिया। नेपाल के राजा ने छल से बेगम को उनकी सेना से भी अलग-थलग कर दिया। राणा वेणीमाधव से भी आत्मसमर्पण करने के लिए कहा गया। उन्होंने भी आत्मसमर्पण से इनकार किया और 200 वीर सैनिकों के साथ नेपाली तथा अंगरेज सम्मिलित सेना के मुकाबले लड़ते-लड़ते प्राण दिए।

अवध का यह गौरवमय तथा रक्तरंजित इतिहास स्वर्णाक्षरों में लिखा जाएगा और समग्र देश के लिए प्रेरणा-प्रदायक रहेगा।

3

लखनऊ में विस्फोट*

'भाईचारे की रोटी तो आज हमारे यहां आ गई है, अब तो बारूद में बत्ती धरने की देर है।'

'और लाल कमल भी तो सुना है सेना भर में घुमाकर अन्तिम सिपाही द्वारा चिनहट की छावनी में पहुंचा दिया गया है।'

'30 मई ही तो निश्चित तिथि है न!'

'हां, उसी दिन, ज्योंही नौ बजे की तोप छूटे, वही हमारे लिए संकेत होगा। तुरन्त ही 71 नम्बर की पल्टन की सब संगीनें एकदम से बेलीगारद की ओर घूम जाएंगी।'

* 2 नवम्बर, 1947 से स्वतंत्र भारत (लखनऊ) ने एक साप्ताहिक लेखमाला शुरू की थी 'अवध इतिहास माला'। इसके लेखक अखिलेश मिश्र ने इस लेखमाला के पहले लेख 'यह लखनऊ है' में 1857 में लखनऊ के योगदान का मसलन बेगम हजरत महल द्वारा महिलाओं की सेना संगठित किए जाने, हडसन के मारे जाने और मौलवी अहमदुल्लाह शाह के योगदान का कुछ उल्लेख किया था। अगले कुछ लेख अवध के स्वतंत्रता संग्राम पर केन्द्रित थे। उस लेखमाला का यह दूसरा लेख है। (प्रकाशन तिथि 16.11.1947)

'नाना साहब ने अपनी तीर्थयात्रा में यही कहा था। देखना शहर में एक अंगरेज न रह जाए। प्लासी की लड़ाई का बदला लेने का समय अब आ गया है। 23 जून, 1757 को ही तो प्लासी की लड़ाई हुई थी, बस 23 जून 1857 तक भारत से अंगरेज राज को उठ जाना चाहिए।'

'तुमने घर की दीवारों में बंदूकों के लिए छेद कर लिए हैं या नहीं। आज मस्जिद में जुमा की नमाज के बाद मौलवी साहब ने हर हिन्दू और मुसलमान से निहायत एहतियात के साथ काम करने को कहा है।'

'मैं भी तो वहीं था। आज रात मेरे घर कथा होगी। मुहल्ला भर आ रहा है। तुम भी चले आना, वहीं बातें होंगी। घर तो जानते हो न! सआदतगंज की बड़ी मस्जिद के सामने।'

आज 12 मई है। लखनऊ की सेना और जनता के सामने सर हेनरी लॉरेंस हिन्दुस्तानी में भाषण कर रहे हैं, 'हिन्दू जनता जानती होगी कि औरंगजेब के शासनकाल में हिन्दुओं के मंदिर भ्रष्ट किए गए, हिन्दू अबलाओं का सतीत्व नष्ट किया गया और लोगों को जबरदस्ती मुसलमान बनाया गया। इसी प्रकार शिवाजी के राज्य में मुसलमानों पर, निरीह जनता पर अनेक अत्याचार हुए। दोनों की भलाई इसी में है कि वे अंगरेज राज्य के प्रति स्वामिभक्त बने रहें।...'

सहसा एक कोने से एक क्षीण शब्द हुआ और असंख्य जनसमूह 'सम्राट बहादुर शाह की जय' का नारा लगाते-लगाते रुक गया।

किसने यह मूर्खता की है—लोगों ने सोचा। कहीं कम्पनी राज्य सशंक हो गया तो! 30 मई से पहले कहीं आहट न होनी चाहिए। इस तरह तो हम अपनी पराजय बुलवा लेंगे। लाखों भाइयों का खून हमारे सर पर होगा। भविष्य की इस कल्पना से लोग कांप उठे।

एक ने सभा समाप्त होने पर कहा—'गो-भक्षक हमें हितोपदेश करने चले हैं, हम इतने अबोध नहीं हैं। किसे नहीं मालूम कि बादशाह आलमगीर के राज्य में भी गो-हत्या पर प्रतिबंध लगा हुआ था।'

पर कंपनी सशंक हो ही गई। सात नम्बर पल्टन निरस्त्र कर दी गई।

•••

समाचार मिला है कि मेरठ में विद्रोह हो गया है। इस समाचार को सुनकर

अवधवासियों ने एक आह भरी।

सबके मुख से यही सुनाई देता था कि सब किया-धरा चौपट हो गया।

पर लखनऊ ने अनुशासन तोड़ना स्वीकार न किया। यहां तीस मई को नौ बजने से पहले एक मच्छर न भन्नाएगा।

तैयारी और प्रचार पहले से अधिक सावधानीपूर्वक और गुप्त रूप से होने लगे।

•••

सच तो यह है कि 10 मई को अनुशासन तोड़कर मेरठ ने जहां एक ओर अपूर्व और आदर्श देशभक्ति का परिचय दिया, वहीं उन्होंने ब्रिटिश राज्य को एक शताब्दी के लिए बचा भी लिया।

और लखनऊ के उपर्युक्त निश्चय का ही फल था कि दिल्ली के पद-दलित हो जाने के छह महीने बाद तक लखनऊ पूर्ण स्वतंत्र रहा। शांतिपूर्वक शासन तो अंगरेज वर्षों न कर सके।

•••

आज दिल्ली पर विद्रोहियों का अधिकार हो गया है। तारीख 14 मई। सर हेनरी लॉरेंस ने समस्त अंगरेजों को मच्छी भवन और बेलीगारद में चले आने का आदेश दिया है। इन्हीं दोनों स्थानों पर सुरक्षा का पूरा प्रबन्ध हो रहा है।

पर लखनऊ तो जैसे इस ओर देखता ही नहीं। अंगरेजों को भी एक बार विश्वास हो गया कि भोले लखनऊ निवासियों पर संदेह करना व्यर्थ है। लखनऊ आज भी शांत रहा। जान पड़ता है कि जनता कम्पनी राज्य से अत्यन्त सन्तुष्ट है। फिर भी सुरक्षा तो कर लेनी ही चाहिए।

लखनऊ कितना संतुष्ट है, यह तो 30 मई बताएगी।

4

गदर में लखनऊ के जौहर*

आठ अप्रैल, 1857 को बंगाल रेजीमेंट में मंगल पाण्डे की फांसी के बाद मेरठ में 34 रेजीमेंट के सूबेदार को गुप्त सभाएं करने के लिए सजा दी गई और जब अंगरेजों को पता चला कि 19वीं तथा 34वीं रेजीमेंट गुप्त रूप से क्रांति की तैयारी कर रही हैं तो उन्हें शस्त्रहीन कर दिया गया था।

लेकिन इसी के साथ कुछ गोरी चमड़ी वालों को सूझा कि देखें, क्या वाकई इन कारतूसों को सिपाही इस्तेमाल करना पसन्द नहीं करते! 6 मई को उन्होंने घुड़सवारों की एक कम्पनी को कारतूस मुंह से काटने का हुक्म दिया। 90 सिपाहियों में से केवल पांच ने कारतूस दांत से काटे। जनरल को यह सूचना मिलते ही उसने उन बाकी 85 सैनिकों केलिए आठ-दस वर्ष के कठिन कारावास का दण्ड घोषित किया। 9 मई को सारी सेना की परेड के सामने उन

* भारत के प्रथम स्वतन्त्रता संग्राम का पहला गोला मेरठ छावनी में 10 मई, 1857 को दागा गया था। उसके ठीक सौ वर्ष बाद इस अद्‌भुत संग्राम को लेखनीबद्ध किया श्री अखिलेश मिश्र ने। यह लेख 'स्वतंत्र भारत' (लखनऊ) में 10 मई, 1957 को प्रकाशित हुआ।

85 सैनिकों के पैरों में बेड़ियां डाल दी गईं। अन्य भारतीयों का खून खौल रहा था लेकिन सामने-पीछे, अगल-बगल अंगरेज सैनिक और तोपखाना खड़ा था। वे खून का घूंट पीकर अपनी बैरकों में लौटे।

रात को सभाएं हुईं। क्या 30 मई तक हम रुके रहें और तब तक अपने भाइयों का उत्पीड़न जारी रहने दिया जाए? निश्चय हुआ—नहीं। दूसरे दिन इतवार था। फौरन दिल्ली संदेश भेज दिया गया कि 'हम दिल्ली 11 या 12 मई को पहुंच रहे हैं—सब ठीक रखो।' 10 मई को जिस समय अंगरेज अपने परिवारों के साथ चर्च में जा रहे थे और चर्च के घंटे बोल रहे थे, उसी समय नगर में हजारों नागरिक अपने टूटे-फूटे हथियारों से लैस जमा हो रहे थे। पांच बजे सैनिक क्षेत्र में आकाश गूंज उठा, 'मारो फिरंगी को।' एक घुड़सवार ने सबसे पहले जेल पर हमला किया। जेलर भी तो उसमें शामिल था। जेल के फाटक खुल गए और वे 85 वीर मुक्ति संग्राम में अपनी भूमिका निभाने के लिए बाहर निकले।

योजना के अनुसार मार-काट शुरू होते ही दिल्ली जाने वाले टेलीग्राफ तार काट दिए गए और रेलवे लाइन पर पहरा बैठा दिया गया। क्रांति के लिए मेरठ संभवतः आखिरी स्थान होता क्योंकि वहां अंगरेजों की सेना सबसे अधिक थी। उनका तोपखाना भी था। लेकिन परिस्थितियोंवश वह वहीं शुरू हुई तो दिखाई पड़ा कि अंगरेज कितना घबरा गए। अफसरों की मार-काट के बाद भारतीय सैनिक दिल्ली के लिए रवाना भी हो गए लेकिन अंगरेजी सेना और तोपखाना रात-भर चुप बैठे रहे। उनकी समझ में ही नहीं आया कि क्या किया जाय।

11 मई को दिल्ली के 'दीवाने खास' में जिस समय बहादुर शाह सैनिकों से यह कह रहे थे कि 'मेरे पास खजाना नहीं है, तुम्हें कोई वेतन नहीं मिलेगा' और सिपाही जवाब दे रहे थे 'हम अंगरेजों के खजाने का सारा रुपया आपके चरणों में भेंट करेंगे', उस समय दिल्ली की जनता भी उनका साथ देने की तैयारी कर रही थी। नगर में अंगरेजों का कत्लेआम शुरू हो गया था।

मेरठ के विद्रोह और दिल्ली विजय के समाचारों के साथ अलीगढ़ और नसीराबाद में, बरेली, शाहजहांपुर, मुरादाबाद और बदायूं में, बनारस और

इलाहाबाद में भी संघर्ष आरम्भ हो गया। लेकिन कानपुर में नाना साहब के आदेशानुसार मूल तारीख 30 मई तक यह काम रुका रहा।

10 मई को ही मेरठ में विद्रोह आरम्भ हो गया, यह समाचार जिसने सुना, सिर पीट लिया। मौलवी अहमदुल्लाह शाह और राजा बालकृष्ण राव की नींद हराम हो गई। तय हुआ था कि 30 मई, 1857 की रात नौ बजे तोप छूटते ही भारत की सब चौकियों में विद्रोह आरम्भ हो जाएगा। पर समय से 20 दिन पहले विद्रोह के आरम्भ ने सारी योजना को मटियामेट कर दिया, बना-बनाया खेल चौपट कर दिया। विद्रोह आरम्भ जो हुआ तो हो ही गया। एक के बाद एक चौकी में आग लगती गई।

पर उसी दिन लखनऊ ने यह महत्त्वपूर्ण निश्चय किया कि यहां जल्दबाजी न होगी। 30 मई को रात नौ बजे ही विद्रोह होगा—उससे एक मिनट पहले नहीं। तब तक अंगरेज रेजीडेंट और अफसरों का हर हुक्म माना जाएगा। वफादारी का पूरा-पूरा सुबूत दिया जाएगा।

12 मई को सर हेनरी लॉरेंस ने लखनऊवासियों की एक सभा में तकरीर की, विद्रोहियों के प्रति काफी विषवमन किया पर किसी ने चूं न की। अनुशासन के प्रति यह आस्था मौलवी अहमुदुल्लाह शाह ने बच्चे-बच्चे के दिल में उतार दी थी।

लखनऊ की शांति पर बाहर वालों को आश्चर्य था। पर यह शांति उस आंधी के पूर्व की शांति थी जिसका जोर 30 मई के दिन दिखाई पड़ा। इस बीच नाना साहब और मौलवी साहब के दौरे बराबर जारी थे।

30 मई आई तो मंदिरों-मस्जिदों की सभाओं से पूरी हिदायत लेकर बच्चे-बूढ़े-जवान, सभी घरों की दीवारों में छेद बनाकर बन्दूकों की नली लगाए बेसब्री से नौ बजे की तोप छूटने का इन्तजार करने लगे।

उधर तोप छूटी और इधर 71 नम्बर पल्टन की सब बन्दूकें एक साथ दग उठीं। यह पूरे शहर को 'मुस्तैद' रहने का सिगनल था। जो अंगरेज जहां मिला, मौत के घाट उतार दिया गया। रेजीडेंसी से संबंधित सारे तार काट दिए गए।

71 नम्बर पल्टन का दमन करने के लिए लॉरेंस साहब और दो अन्य

अंगरेज अफसर 7 नम्बर हिन्दुस्तानी घुड़सवार पल्टन को लेकर रवाना हुए। पर ज्योंही पल्टन छतरमंजिल के सामने पहुंची—बाईं ओर का यूनियन जैक अकस्मात मानो जादू से उड़ गया और उसकी जगह सुनहले तारों से कढ़ा हुआ हरा झंडा लहराने लगा। सैनिकों ने नारा लगाया—'सम्राट बहादुर शाह की जय।' लॉरेंस और दो अफसरों को भागते-भागते जान के लाले पड़ गए। अवध की राजधानी पर हरा झंडा लहराने लगा।

इतिहास का यह अध्याय क्या भुलाया जा सकता था कि जिस दिन अंगरेजों की चाल में आकर अवध के नवाब (वजीर) स्वतन्त्र नवाब बनने का ख्वाब देखने लगे थे, वही अवध के दुर्दिन का प्रारम्भ था। इसलिए अब अवध ने अपने को दिल्ली के अधीन स्वतन्त्र राज्य घोषित किया। 5 जुलाई को नवाब वाजिद अली शाह के नाबालिग पुत्र बिरजीस कद्र को नवाब वजीर बनाया गया। बेगम हजरत महल ने संरक्षिका के रूप में शासन का कार्यभार संभाला। शासन के सुचारु संचालन के लिए एक समिति भी बनाई गई। गाह्यंडा, बहराइच, भटिंडा, सिकरोरा, मेलापुर, सीतापुर, उन्नाव और रायबरेली से अंगरेज खदेड़े जा चुके थे। अब सम्राट बहादुर शाह के पास अनेक बहुमूल्य उपहारों सहित संदेश भेजा गया।

बेगम ने एक फरमान और निकाला कि अंगरेज स्त्रियों और बालकों पर कोई हाथ न उठाए। इस आदेश का अक्षरश: पालन किया गया।

और अंगरेज कहां थे? 10 मई को मेरठ में विद्रोह की खबर पाकर वे इतने घबराए थे कि सब के सब अंगरेज—अफसर से लेकर चपरासी तक—मच्छी भवन और बेलीगारद में पहुंच गए थे और कम्पनी सरकार की सारी नमक हलाल फौज उनकी रक्षा कर रही थी।

उधर 28 जून को खबर मिली कि नाना साहब की सेना ने कानपुर से अंगरेज सेना को खदेड़ दिया।[1]

1. नाना साहब के नेतृत्व में भारतीयों ने 6 जून को कानपुर में अंग्रेजी फौज के कमाण्डर सर ह्यूग व्हीलर को घेर लिया था। नाना साहब के साथ तीन सिपाही रेजीमेंटें थीं जिन्होंने अंगरेजों का हुक्म मानने से इनकार कर दिया था और देशी घुड़सवारों की भी तीन रेजीमेंटें उनके साथ थीं जो पूरी तरह से नाना साहब के नेतृत्व में थीं। नाना साहब 30 जून को सिंहासनारूढ़ हुए।

चिनहट में अवध की सुप्रसिद्ध छावनी थी। उसे अपनी कारगुजारी दिखाने का मौका योजना के मुताबिक एक दिन बाद मिला। 30 जून के दिन चिनहट का युद्ध हुआ और हेनरी लॉरेंस की नमक हलाल फौज बुरी तरह परास्त हुई। प्यास से तड़पते हुए अंगरेज घुड़सवार मरते-खपते रेजीडेंसी की ओर भागे। मुसलमान भिश्तियों ने फौज को पानी पहुंचाने से इनकार कर दिया। भारतीय सेना कुकरायल के उस पार थी, उसने पीछा किया। अंगरेज घुड़सवार बेलीगारद तक पहुंच तो गए पर आधे से अधिक रास्ते में मौत के घाट उतार दिए गए।

मच्छी भवन 13 मई से अंगरेजों का अड्डा था। घुड़सवारों का पीछा करते हुए चिनहट की विजयी सेना मच्छी भवन पहुंची और मच्छी भवन पर आजाद फौज ने कब्जा कर लिया। अंगरेजों से भागते भी न बना। अंगरेज अफसरों के निजी कागजात से पता चलता है कि अंगरेजों की उस दिन की मृत्यु संख्या का अनुमान नहीं किया जा सकता। अब सिर्फ बेलीगारद बचा। वहां कुहराम मचा था। मातम हो रहा था। 'प्रत्येक नवागंतुक अंगरेज कुछ कुसंवाद ही लाता था।' पूरे अवध में अंगरेजों के लिए पांव धरने की जगह थी तो सिर्फ रेजीडेंसी में—और वहां तिल धरने को भी जगह न थी। 20 जुलाई को आजाद फौज ने रेजीडेंसी घेर ली। गोलियों और गोलों की वर्षा से अधिकांश भाग खण्डहर हो गया—दीवारें छलनी हो गईं। भारतीय सेना ने रेजीडेंसी में घुसने का प्रयत्न ही नहीं किया। सोचा गया कि रसद न रह जाएगी तो अंगरेज आत्मसमर्पण कर देंगे। उधर अंगरेज हैवलॉक के आने की राह देख रहे थे। हैवलॉक भी कानपुर से लखनऊ पहुंचने की जल्दी में था—पर पहुंचने पाता तब न! अवध की एक-एक इंच भूमि उसके लिए पहाड़ बन गई थी।

गंगा तो उसने 29 जुलाई को ही पार कर ली—पर गंगा के इस पार प्रत्येक गांव में हरा झण्डा लहरा रहा था। सभी को मौत के घाट उतारे बिना आगे बढ़ना भी मुमकिन न था। उन्नाव तक वह किसी प्रकार पहुंचा। इसके बाद सामना था छोटे से गांव बशीरतगंज के निवासियों द्वारा अपने आप बनाई गई आजाद फौज से। 1500 अंगरेज सैनिकों को लेकर हैवलॉक साहब आ रहे थे—800 इस युद्ध में मारे गए। जो बचे, उनमें आगे बढ़ने का न दम था, न

साहस। हारकर हैवलॉक ने मगरवारा में शरण ली और वहीं 11 अगस्त तक छावनी डाले पड़े रहे। कानपुर से कर्नल नील ने समाचार भेजा कि नाना साहब ने महाराजा सागर और ग्वालियर नरेश की मदद पा ली है और कानपुर पर अधिकार कर लिया है। हैवलॉक वापस लौटे और 12 अगस्त को कानपुर पहुंचे।

ब्रिटिश सेना इस समय बड़े संकट में थी। अवध गुड़-भरा हंसिया हो गया था। न निगलते बनता था, न उगलते। हैवलॉक ने कलकत्ते को पत्र लिखा कि यदि शीघ्र ही फौजी मदद न मिली तो हमें लखनऊ क्या, कानपुर से भी निराश होकर इलाहाबाद लौट जाना पड़ेगा।

इधर रेजीडेंसी में निर्जला एकादशी चल रही थी। दृश्य मुहर्रम का था। अंगरेजों ने दुबारा 20 सितम्बर को लखनऊ की ओर मुंह किया। बशीरतगंज की फौज ने इस बार आलमबाग के दुर्ग पर अड्डा जमाया। 23 सितम्बर को पहले से कई गुना संख्या में अंगरेज सेना सिख सैनिकों को साथ लेकर आलमबाग पहुंची। तीन दिन तक घमासान युद्ध हुआ। 25 सितम्बर को अंतिम बार अंगरेज फौज ने जोर लगाया। इस दुर्ग पर 23 नवम्बर तक युद्ध होता रहा और ब्रिटिश सेना रेल की पटरी पार न कर सकी। सेना की काफी क्षति हुई। सहसा पता चला कि तात्या टोपे की सेना ने कानपुर को घेर लिया। ब्रिटिश सेना फिर कानपुर चली गई।

लखनऊ में विद्रोहियों का नेतृत्व मौलवी अहमदुल्लाह शाह, रायबरेली के राणा वेणीमाधव, गोंडा के राजा देवीबख्श सिंह कर रहे थे। मौलवी का सैन्य संचालन और राजा बालकृष्ण राव (स्वतंत्र सरकार के वित्तमंत्री) का शासन प्रबंध आज तक प्रसिद्ध है।

नवाब गाजीउद्दीन हैदर ने नेपाल युद्ध के लिए कंपनी को ढाई करोड़ रुपया कर्ज दिया था। नेपाल ने अब कसर निकाली। जंग बहादुर के नेतृत्व में नेपाली सेना लखनऊ की ओर चल दी।

नेपाली फौज की दुर्गति रास्ते में ही हो गई। मार्ग में अम्बरपुर का दुर्ग था। वहां केवल 34 भारतीय सैनिक थे। इस दुर्ग ने नेपाली सेना को प्राय: एक सप्ताह तक रोके रखा। दुर्ग पर नेपाली सेना का अधिकार तब हुआ, जब अंदर

एक भी सैनिक जीवित नहीं बचा। 200 से अधिक नेपाली सैनिक खेत रहे।

दूसरा दुर्ग पड़ा दौरारा का। यहां नेपाली सेना की पहले से अधिक दुर्गति हुई। किला फतह तो हुआ पर हाथ लगीं सिर्फ दीवारें। अंदर एक भी व्यक्ति जीवित न था। खाद्य और युद्ध सामग्री भी पहले ही नष्ट कर दी गई थी। इस प्रकार गांवों को जलाती, लूट-पाट, अत्याचार करती नेपाली सेना 11 मार्च को लखनऊ पहुंची। यहां उसका मौलवी अहमदुल्लाह शाह की सेना से युद्ध हुआ। उधर, बेलीगारद में एक भारतीय सैनिक की गोली से 2 जुलाई को घायल सर हेनरी लॉरेंस की 4 जुलाई को मृत्यु हो गई।

15 जनवरी, सन् 1858 को मौलवी अहमदुल्लाह शाह ने कानपुर मार्ग पर ब्रिटिश सेना के खिलाफ छापामार लड़ाई के लिए मोर्चा डाटा लेकिन उनके इस अभियान की खबर अंग्रेजों को मिल चुकी थी। नतीजा यह हुआ कि अंगरेजों ने ही उन पर हमला बोल दिया। फिर भी उनके आदमी पूरी बहादुरी से लड़े। इस लड़ाई में मौलवी साहब घायल हो गए। उन्हें कुछ दिनों के लिए सैन्य संचालन से विश्राम लेना पड़ा। 6 मार्च को ऊटरम और हडसन की सम्मिलित सेनाएं लखनऊ आ गईं। हडसन ने दिल्ली के शहजादों का खून पीकर अपना हृदय शांत किया था—और उसके अत्याचारों ने दिल्ली के लोगों को नादिरशाह की लूट भुला दी थी। वही हडसन आज लखनऊ की सड़कों पर था। संपूर्ण भारत में विद्रोह का दमन हो चुका था—सभी ओर से ब्रिटिश और सिख फौजें लखनऊ की ओर आ रही थीं।

अब बेगम हजरत महल ने स्वयं घोड़े पर सवार होकर शस्त्र उठाए। अब तक शासन चला रही अंतःपुर की बेगम ने सेनानेत्री का भी स्थान ग्रहण किया। समाचार पाकर उत्साह में भरे लखनऊ की प्रत्येक गली से शस्त्रधारी नर-नारियों का समूह उमड़ पड़ा। अन्य बेगमें भी मैदान में थीं। घमासान युद्ध आरम्भ हुआ।

दिल्ली का अंगरेज नादिरशाह हडसन किसी बेगम की तलवार से 10 मार्च को मारा गया। लखनऊ ने प्लासी का बदला न लिया हो, पर दिल्ली का बदला तो ले ही लिया।

मौलवी अहमदुल्लाह शाह अब पड़े न रह सके। अस्वस्थ अवस्था में ही

उन्होंने सैन्य संचालन आरंभ कर दिया। पर अवध से रूठी स्वाधीनता वापस न आई। सब ओर का विद्रोह शांत करके भारत भर की अंगरेज और सिख सेनाएं लखनऊ के चारों ओर उमड़ पड़ी थीं।

मई सन् 1858 के अंत में अकस्मात खबर मिली कि मौलवी साहब मौलवीगंज में हैं। साथ में बेगम भी हैं। अंगरेज फौज उधर गई। इधर पता चला कि मौलवी ने सआदतगंज की तरफ से आक्रमण कर दिया है। इन नामों में अजीब जादू था। चौक, सआदतगंज और कैसरबाग अंगरेजों के काबू से बाहर हो गए। विद्रोह की लहर फिर फैल गई। पाटानाला और सआदतगंज की पूरी आबादी ने हथियार उठा लिए। ऐशबाग इसी लड़ाई में उजाड़ हो गया।

अंगरेजों की जीत तो हुई पर मौलवी साहब नहीं मिले। इनामों की घोषणा हुई पर घायल मौलवी का पता न लगा। अब तीसरी बार लखनऊ में खून की नदियां बहीं, चिताएं जलीं। बशीरतगंज और मौलवीगंज तहस-नहस हो गए। मौलवी का पता तब लगा जब पुवायां रियासत के नरेश द्वारा भेजा हुआ एक तोहफा ब्रिटिश सेना को मिला। इस तोहफेमें मौलवी का कटा हुआ सिर था।

मौलवी साहब लखनऊ से निकलकर अपने पुराने मित्र पुवायां नरेश के यहां गए थे। दुबारा सैन्यसंगठन करके वे अवध की स्वाधीनता की बाजी एक बार फिर जीतना चाहते थे। पुवायां नरेश राजा जगन्नाथ सिंह पर उनके काफी एहसान थे और नरेश ने सहायता का वादा किया था लेकिन धोखे से मौलवी का सिर काटकर उन्होंने अपनी 'मित्रता का हक' अदा किया और अपनी वफादारी का सुबूत तोहफे के रूप में ब्रिटिश छावनी में भेज दिया।

वीर सपूत मौलवी अहमदुल्लाह शाह का नाम अवध के इतिहास में सदा अमर रहेगा। पुवायां के इस विश्वासघात की तारीख थी 5 जून, 1858। रायबरेली और गोंडा में अब भी आग सुलग रही थी। मौलवीगंज, सआदतगंज, पाटानाला, चौक और बशीरतगंज को देखकर वे घटनाएं आज भी सजीव हो उठती हैं। कोई स्मारक न बनवाए—ये मुहल्ले अपने स्मारक आप हैं।

5

1857 का पवित्र तीर्थ लखनऊ*

अवध सन् 1857 के स्वाधीनता संग्राम में देश भर के सेनानियों के लिए तीर्थस्थान था और लखनऊ उस तीर्थ का सबसे पवित्र पुण्यस्थल, जहां का कण-कण भारतीय स्वातन्त्र्यवीरों के शौर्य, पराक्रम, अनुशासन, धैर्य और वीरोचित चरित्र का तथा अंगरेज सेनाओं की अमानुषिकता, पाशविकता और दमन का साक्षी है। यहां मुहल्ले-मुहल्ले, गली-गली में ही नहीं, आंगनों, छज्जों और कोठरियों तक में एक-एक इंच, एक-एक गज भूमि के लिए अंग्रेज सेनाओं को पुरुषों से ही नहीं, स्त्रियों तक से युद्ध करना पड़ा। चौराहों ने फांसी के तख्तों और मनुष्यों को जीवित जलाए जाने तक का दृश्य देखा—तमाम पुराने महलों और बाजारों का आज नामोनिशान शेष नहीं है। यहां की एकता बेमिसाल थी—हर कंठ से 'सम्राट बहादुर शाह की जय' के साथ-साथ 'जय काली', 'हर-हर महादेव', 'अल्लाहो अकबर' के स्वर एक साथ सुनकर

* 18.5.1957 को स्वतंत्र भारत (लखनऊ) में प्रकाशित

अंगरेज इतिहासकारों ने भी दांतों तले उंगली दबाई थी।

अवध के अमर सेनानी मौलवी अहमदुल्लाह शाह, बेगम हजरत महल, राजा बालकृष्ण राव, राणा बेणीमाधव, राव रामबख्श सिंह, राजा देवीबख्श सिंह, लोने सिंह, अजीमुल्लाह की संगठन शक्ति के बल पर भारत में सबसे पहले जला हुआ स्वातन्त्र्य दीप दिल्ली, झांसी, कानपुर, बिठूर आदि के पराभव के बाद भी पूरे एक वर्ष तक अंग्रेजों की समवेत शक्ति को लखनऊ में चुनौती देता रहा।

मूसा बाग

लखनऊ में फिरंगी शासन के विरुद्ध असंतोष की पहली लपट 7 मई, सन् 1857 को दिखाई दे गई।

नगर से प्राय: चार मील पश्चिम काकोरी के मार्ग पर मूसाबाग नामक स्थान है जहां 7वीं अवध इररेगुलर इंफेंट्री के करीब एक हजार सिपाही थे। यह एक प्रकार का प्रशिक्षण केन्द्र था, जहां से कोर्स पूरा करके सिपाही देश भर की छावनियों में भेजे जाते थे। सिपाहियों में असंतोष बहुत पुराना था। इसका मुख्य कारण यह था कि सेना में आनेवाले उच्च कुलीन भारतीयों की सामाजिक प्रतिष्ठा कुचलने का वहां हर संभव प्रयास किया जाता था।

उस दिन अंगरेज अफसरों ने आपसी विचार-विमर्श में तय किया कि आज प्रशिक्षण में नई इनफील्ड राइफलों और मुंह से खोले जाने वाले नए कारतूसों का इस्तेमाल होगा। सिपाही सुन चुके थे कि इन कारतूसों में गाय और सुअर की चर्बी है—और यह बात बाद की जांच से सत्य प्रमाणित भी हुई थी,[1] अत: अटेंशन कहने के बाद जब नए कारतूस लेने का आदेश हुआ तो एक भी सिपाही आगे न बढ़ा। पूछने पर एक सिपाही ने एतराज बताया। अफसरों ने

1. 'श्री फारेस्ट द्वारा भारत सरकार के अभिलेखों के हाल में किए गए शोध से सिद्ध होता है कि कारतूसों को तैयार करने में इस्तेमाल किया जानेवाला मिश्रण वास्तव में आपत्तिजनक चीजों से बनाया गया था यानी गाय की चर्बी और सुअर की चर्बी।' यह शोध यह भी सिद्ध करता है कि 'इन कारतूसों को बनाने में सैनिकों के पूर्वाग्रहों की अविश्वसनीय ढंग से उपेक्षा की गई थी।' (राबर्ट्स, फोर्टी वन इयर्स इन इंडिया, पृ. 431)

दलीलें दीं जिनका कोई असर न हुआ। सिपाहियों को अनुशासन की कार्रवाई की चेतावनी दी गई पर सिपाही किसी भी भय से धरम-ईमान गंवाने को तैयार न थे। अब अंगरेज का पशुबल सामने आया।

तीस व्यक्तियों का जत्था पहरे में ले लिया गया और भारतीय अफसरों को शेष को तितर-बितर करने का आदेश दिया गया पर चूंकि कोई सिपाही अपने साथियों को छोड़कर अलग होने को राजी न हुआ और भारतीय अफसर भी बल प्रयोग करना न चाहते थे अतः उन्होंने अंगरेज अफसरों से समझाने-बुझाने का समय मांगा ताकि उस समय तो मसला टले। समय दे दिया गया पर दूसरे दिन सबेरे भी यही स्थिति रही। भारतीय अफसरों ने भी कारतूस लेकर और मुंह से खोलकर दिखाने से इनकार कर दिया। अफसर और मातहत का यह सौहार्द्र सेना के इतिहास में सदैव स्मरणीय रहेगा। परेड स्थगित की गई। अंगरेज अफसर अपनी प्राणरक्षा के लिए चौकन्ने हो गए। भारतीय सिपाहियों ने हथियार और गोला-बारूद कब्जे में कर लिया।

अंगरेजों ने इस विरोध प्रदर्शन को 'विद्रोह का आरम्भ' समझा। अवध के नए चीफ कमिश्नर सर हेनरी लॉरेंस के पास इस बीच किसी देशद्रोही ने एक खत पहुंचा दिया। यह खत 7वीं अश्व रेजीमेंट की ओर से 48वीं रेजीमेंट को लिखा गया था। 48वीं रेजीमेंट 7वीं से ऊंची थी। खत में 'बड़े भाइयों' से अपील की गई थी कि दीन-ईमान की रक्षा की लड़ाई में सहायता दें और फिरंगी म्लेच्छों से धर्म को बचाएं।

फौरन सर हेनरी लॉरेंस ने भारी तोपखाने और घुड़सवारों तथा 1500 गोरे सैनिकों के साथ मूसाबाग छावनी को घेर लिया। भारतीय सैनिकों को निशस्त्र करके तोपों के मुंह के सामने कर दिया गया और पलीता लगाने का आदेश हुआ। भारतीय सैनिकों में भगदड़ मची, फिर भी 200 डटे रहे। भागने वालों को लखनऊ में बीन-बीनकर गिरफ्तार किया गया। जिन्हें नेता समझा गया, उन्हें हथकड़ी-बेड़ी डालकर जमीन पर घसीटा गया।

इसके बाद क्रूरता का नग्न नृत्य आरम्भ हुआ। मूसाबाग बरबाद कर दिया गया। वह इमारत भी अब नहीं है। 100 गिरफ्तारों में से 30 को फांसी दे दी गई और 40 को आजीवन कैद बामशक्कत की सजा दी गई।

फांसी के तख्ते : फांसी के कई तख्ते टीला वाली मस्जिद के सामने वाले चौराहे पर (पत्थर वाले पुल के पास) लगा दिए गए । फांसी देने का ढंग यह था कि सवेरे एक व्यक्ति को फांसी पर लटका दिया जाता था और शाम तक वह वहीं लटका रहता था। शाम को उसे उतारकर दूसरे को लटकाया जाता था जो अगले दिन उतारा जाता था। नगर के लोगों को जबरदस्ती बुलवाकर यह काण्ड दिखलाया जाता था। बहुतों के शरीर पर गाय या सुअर की चर्बी मलकर[1] उन्हें जीवित भूना गया। लाशों को भी अपमानित किया गया। मेडिकल कॉलेज के पीछे स्थित इस चौराहे के नीचे न जाने कितने अमर शहीदों के कंकाल अब भी पड़े होंगे।

इतिहासकार मॉरिसन को फांसी देने के इस ढंग पर रोमांच हो आया था। फांसी का यही तरीका बराबर रहा।

लॉरेंस का दरबार

12 मई को सर हेनरी लॉरेंस ने बड़ा दरबार किया जिसमें उन्होंने हिन्दी (उर्दू शैली) में तकरीर की। गढ़-गढ़कर हिन्दुओं पर मुसलमानों के अत्याचारों, मुसलमानों पर हिन्दुओं के अत्याचारों तथा नवाब वाजिद अली शाह की अय्याशी के किस्से कहे गए, पर उसका कुछ भी असर न हुआ। उसी दरबार में सूबेदार सेवक तिवारी, हवलदार हीरालाल दुबे, सिपाही रामनारायण और हुसैनबख्श को नमक हलाली का तमगा मिला जिन्होंने मूसाबाग में 9 मई को कम्पनी सरकार की मदद की थी। पर इन्हें असली इनाम तो 19 दिन बाद मिला।

पठानों की ओर

26 मई को लॉरेंस को खबर मिली कि मलिहाबाद के 'खूंखार' पठान विद्रोह को तैयार हैं। उधर रेजीमेंट भेजी गई। पर पठान एकदम शांत थे। दिलचस्प

1. हिन्दुओं के शरीर पर गाय और मुसलमानों के शरीर पर सुअर की चर्बी मली गई।

बात यह हुई कि उन शान्त पठानों पर फायर करने की हिम्मत अंगरेजों की न हुई और रेजीमेंट यों ही लौट आई। मौलवी अहमदुल्लाह शाह के नेतृत्व में लखनऊ का संकल्प था कि पूर्व निश्चयानुसार 30 मई को ठीक नौ बजे ही स्वातन्त्र्य संग्राम की पताका फहराएगी–अनुशासन का अर्थ यही है कि इससे पहले कुछ न हो। मौलवी की इस नीतिज्ञता की शत्रुओं ने भी प्रशंसा की है। लखनऊ में जब से यह खबर मिली कि 10 मई को मेरठ में विद्रोह हो गया–अनुशासन और दृढ़ हो गया था। कुछ इतिहासकारों का मत है कि मेरठ में विद्रोह का आरम्भ मूसाबाग की प्रेरणा से हुआ था।

30 मई

अब लखनऊ को 30 मई की नौ बजे वाली तोप का इंतजार था। अंगरेज भी चौकन्ने थे। 13वीं पल्टन और 71वीं पल्टन को नमक हलाल समझकर पहले ही मड़ियांव भेज दिया गया था ताकि शहर से उसका संपर्क न रहे। फिर भी अंगरेजों को इतमिनान न था। 30 मई को लॉरेंस अंगरेज अफसरों से विचार-विमर्श कर ही रहे थे कि नौ बजे की तोप छूटी और उसी के साथ 71वीं नम्बर पल्टन की सभी बन्दूकें एक साथ दग उठीं। यह नगर के हर आदमी को मुस्तैद रहने का सिगनल था। लखनऊ का एक-एक घर दुर्ग था। मंदिरों, मस्जिदों और घरों की दीवारों में छेद किए और बंदूकों की नली फिट किए किशोर, युवा, वृद्ध पुरुष और स्त्रियां आदेश की प्रतीक्षा में थे। स्वातन्त्र्य पताका थी सम्राट बहादुर शाह का सुनहले तारों से कढ़ा हरे रंग का झण्डा और उन्हीं की जय का नारा पूरे अवध क्या, पूरे भारत में कौमी नारा बन गया।

जन-आंदोलन

दूसरे दिन 31 मई को उन सब इतिहासकारों को मुंहतोड़ उत्तर मिला जो सन् '57 के संग्राम को जन-आंदोलन नहीं मानते और उसे रजवाड़ों की स्वार्थपरता

तथा सिपाहियों की सांप्रदायिकता का प्रतीक मानते हैं।

मंसूरनगर, सआदतगंज, मशकगंज में हजारों की भीड़ जमा हुई—सिर्फ यह खबर पाकर कि मड़ियांव में विद्रोह हो गया है। 31 मई को उल्लास और उत्साह से आपूरित इन मुहल्लों से एक बड़ी भीड़ ऐशबाग पहुंची। संख्या 'कम से कम 50 हजार' थी। वहां तालिबयार खां, छोटे खां, यकरन आग़ा मिर्जा के भाषण हुए और पूरी भीड़ निहत्थी—केवल लाठी-डण्डों और छोटे-मोटे हथियारों से लैस होकर—चल दी, इस इरादे से कि गोमती पार करके मड़ियांव में अपने भाइयों की मदद की जाय। यह सूचना अभी न मिली थी कि लॉरेंस के तोपखाने ने मड़ियांव को भून दिया और स्वातन्त्र्य सिपाहियों को मारने के लिए एक सिर पीछे सौ रुपये का इनाम अंगरेज सिपाहियों में बंटा। पर भारतीय सैनिक इतने वीर और चतुर थे कि केवल 200 रुपये ही इनाम बंट पाया। मड़ियांव प्रत्यक्षतः पराभूत हो चुका था। चौकी अंगरेजों के हाथों में थी। गोमती-तट तक नेताओं ने भीड़ को समझा-बुझाकर रोकने की कोशिश की। कहा कि जो लड़ने योग्य हों, वहीं चलें—फिर भी पांच हजार जान की कसम खा कर चल ही दिए। रूमी दरवाजे से मुफ्तीगंज होकर ये पांच हजार आजादी के दीवाने हुसैनाबाद पहुंचे और गऊघाट पर गोमती पार की। मड़ियांव के रास्ते में इन्हें मड़ियांव की बरबादी की जानकारी हुई। तब आगा मिर्जा ने जवानों के साथ संकल्प किया कि खिंची तलवारें वापस म्यान में नहीं जा सकतीं और फिरंगियों के देश में रहते हम घर नहीं लौट सकते।

दौलतखाना

जवानों ने यह संकल्प करके नवाब वजीर के दौलतखाने की ओर कदम बढ़ाया कि उस पर कब्जा किया जाय। वहां पहले नवाब वजीर रहते थे और बाद में कंपनी सरकार की कोतवाली थी। कोतवाली में संगीन, रायफल, गोला-बारूद से लैस चार हजार सेना है, यह जानकर भी वीरों को भय न था।

हुसैनाबाद का युद्ध

हुसैनाबाद पहुंचते ही पता चला कि अंगरेज सेना यहीं मुकाबले के लिए आ रही है। हुसैनाबाद में ही मोर्चा लगा। इस लड़ाई के बाद ही हुसैनाबाद खण्डहर हो गया—वरना उस समय वहां लखनऊ की शानदार बस्ती थी। घंटे भर तक गोलियां चलीं। भारतीयों ने इमामबाड़े में शरण ली तो अंगरेजों ने फाटक तोड़कर अन्दर कत्लेआम किया।

पूरे शहर में मार्शल लॉ लगा दिया गया। अंगरेजों के पाशविक अत्याचारों का चक्र पूरे लखनऊ पर चला। जो मड़ियांव, हुसैनाबाद, ऐशबाग अथवा मूसाबाग की बात करते हुए भी पाया गया, उसे फांसी का दण्ड मिला। हजारों गिरफ्तार वहीं टीले के पास वाले चौराहे पर फांसी पर लटकाए गए। पहले तीन दिन तक मड़ियांव के कैदी लटकाए गए। इन्हीं में 12 मई को पुरस्कृत सूबेदार तिवारी भी थे। मड़ियांव में अंगरेजों के प्रति वफादार 1800 सैनिक अब भी थे लेकिन इनके प्रति लॉरेंस इतने सशंक थे कि खुफियागीरी के लिए तीन हजार व्यक्ति तैनात थे।

कोतवाली विद्रोह

11 जून को कोतवाली की घुड़सवार फौज ने और 12 जून को पैदलों ने विद्रोह किया। इनमें से 20 वीरगति को प्राप्त हुए और 15 को फांसी मिली। इसी के बाद दिलकुशा में विद्रोह हो गया। वहां के युद्ध के बाद विद्रोहियों का पूरे नगर में दमन हुआ। 'दि टाइम्स' के प्रतिनिधि डब्ल्यू. एच. रसेल ने लिखा है कि 11 से 15 जून के भीतर हजारों को फांसी पर लटकाया गया और सैकड़ों की तो कोड़े मार-मार कर हत्या कर दी गई।

काकोरी

16 जून को लखनऊ की जनता ने अश्रुपूर्ण नेत्रों से देखा कि काकोरी के मुंशी रसूलबख्श और उनके पुत्र अब्दुल समद 20 अन्य लोगों के साथ चौक में दो देशद्रोहियों की मुखबिरी के परिणामस्वरूप पकड़े गए हैं। लखनऊ के लिए यह क्षति अपूरणीय थी। मुंशी जी नवाबी के उच्च अफसरों में थे और अप्रैल में जब नाना साहब लखनऊ आए थे, तब से लखनऊ में स्वातन्त्र्य संग्राम के प्रमुख संगठनकर्त्ताओं में थे। इन सबको 17 जून को फांसी दी गई। इनके भी कंकाल मेडिकल कॉलेज के चौराहे के नीचे अपमानित स्थिति में पड़े होंगे।

लूट

25 जून को मिफतादुल्लाह का खजाना लूटा गया। यह खजाना नवाबों की निजी सम्पत्ति थी। यहां से फिरंगियों ने अतुल धनराशि लूटी। यही नहीं, तमाम पांडुलिपियां, किताबें, कलापूर्ण वस्तुएं नष्ट कर दीं। इतिहास और संस्कृति की जो क्षति उस दिन हुई, उसका अनुमान करना भी मुश्किल है। आज इस इमारत का नामोनिशान नहीं है।

चिनहट का युद्ध

30 जून को चिनहट का युद्ध हुआ जहां लॉरेंस की नमक हलाल फौज बुरी तरह परास्त हुई। इस्माइलगंज और कुकरायल के पुल पर मुख्य मोर्चे थे। भारतीय वीरों में सूबेदार घमंडी सिंह और शहाबुद्दीन उल्लेखनीय हैं जो तोपों के मुकाबले तलवार लेकर पिल पड़े। अंगरेज सेना मरते-खपते हसनगंज होकर बेलीगारद की ओर भागी। कुकरायल के उस पार से भारतीयों ने पीछा किया। अंगरेज फौज के नौकर भिश्तियों ने पानी पहुंचाने से इनकार कर दिया पर जनता ने

घायलों की मरहम-पट्टी की, पानी और दूध दिया जिसका बदला उन्हें अंगरेजों की विजय के बाद अमानवीय क्रूरता के रूप में मिला। लोहे का पुल भारतीय पार न कर सके, इसलिए पीछे से रुकावट पड़ी। पुल के दोनों ओर अंगरेज तोपें गरज रही थीं। नौकाओं का पुल बनाकर नदी पार करने में भारतीय सेना को दो दिन लगे। विजयी स्वतन्त्र सेना अभी नगर में पहुंचने भी न पाई थी लेकिन आनन्दोल्लासपूर्ण भीड़ कैसरबाग-गोलागंज, चौक में तथा शीशमहल, दौलतखाना, इमामबाड़ा आदि कोतवालियों में हथियारों पर कब्जा करके वीरों के स्वागतार्थ उपस्थित थी। अंगरेज इतिहासकारों का कहना है कि इतना शानदार स्वागत लखनऊ ने कभी किसी का नहीं किया था। अंगरेज परस्त नवाब मोहिनुद्दौला और नवाब मुनव्वरुद्दौला के घर भारतीयों ने घेर लिए। पहली जुलाई को लोहे के पुल के दोनों ओर अंगरेजों के मुकाम पर भारतीय फौजों का कब्जा हो गया। इसी बीच मौलवी अहमदुल्लाह शाह के पैर में गोली लगी।

अब लखनऊ ने शासन प्रबंध तथा रक्षा संगठन की दक्षता का प्रमाण दिया। स्वर्गीय सेनापति सैयद बरकत अहमद का मुकाम (कांकरवाली कोठी, हजरतगंज) विद्रोह का सैनिक सदर मुकाम चुना गया। सेना की अन्य चौकियां बन गई थीं मोतीमहल, बादशाह बाग, शाह मंजिल, खुरशीद मंजिल, मुबारक मंजिल, हजरतगंज, दिलकुशा और मुहम्मदबाग में।

अंगरेजों ने मच्छीभवन उड़ाया

मेरठ के स्वातन्त्र्य आंदोलन की खबर पाकर अंगरेज इतना डर गए थे कि सब के सब बेलीगारद और मच्छीभवन में बंद हो गए थे। दोनों स्थान अब विद्रोहियों से घिरे थे। दो मोर्चों पर लड़ना असंभव देख 2 जुलाई को अंगरेजों ने स्वयं मच्छीभवन उड़ा दिया। एक महत्त्वपूर्ण ऐतिहासिक इमारत नष्ट कर दी गई। पूरे अवध में अब अंगरेजों के लिए पांव धरने की जगह थी तो केवल रेजीडेन्सी में और वहां तिल धरने की जगह न थी। 'प्रत्येक आगंतुक अंगरेज कुछ कुसंवाद ही लाता था।'

तख्तपोशी

अब लखनऊवासियों ने राजा जयलाल सिंह (वल्द राजा दर्शन सिंह) के सुझाव पर 7 जुलाई को नवाब वाजिदअली शाह के नाबालिग पुत्र बिरजिस कद्र को गद्दी पर बैठाया और उनकी माता बेगम हजरत महल चौलक्खी-कैसरबाग से बतौर संरक्षिका शासन चलाने लगीं। वित्त मंत्री थे महाराजा बालकृष्ण राव। लाखों की संख्या में जनता ने नवाब के दर्शन किए। सिपाहियों को अंगरेज छह रुपए वेतन देते थे, उसे बढ़ाकर 12 रुपये किया गया। सिपाहियों ने तलवारें हाथ में लेकर कसमें खाईं कि फिरंगी को देश से निकाले बगैर हम वेतन न लेंगे। इसी समय सम्राट बहादुरशाह की अधीनता स्वीकार करने का फरमान बेगम ने जारी किया और अनेक बहुमूल्य भेंटों सहित उसे दिल्ली भेजा।

नाना साहब का आगमन

17 जुलाई को सूचना मिली कि नाना साहब कानपुर से लखनऊ आनेवाले हैं। राजा जयलाल सिंह 20 हाथियों, 29 गाड़ियों, 10 बग्घियों और तमाम ऊंटों सहित गंगा तट स्थित फतेहपुर चौरसिया की गढ़ी तक बेगम की ओर से नाना साहब के स्वागतार्थ गए। हाथी पर चांदी के हौदे में उन्हें बैठाकर जुलूस लखनऊ लाया गया जहां जनता ने उनका दुबारा आने पर स्वागत किया। बेगम ने 25 हजार अशर्फियां, काबएजाकर (स्वर्ण का काबा), रत्नजटित तलवार, हीरे व पुखराज का हार, मोतियों का हार, बाजूबंद, दुशाला, तीन चोगे, एक हाथी, रत्नजटित जीन सहित एक घोड़ा उन्हें उपहार दिया। नाना साहब शीश महल में ठहराए गए थे। नाना साहब के आने से भारतीय वीरों में नया जोश आया।

आलमबाग

इधर बेलीगारद घिरा था। अंगरेज हैवलॉक के कानपुर से आने की राह देख रहे थे। 29 जुलाई को हैवलॉक ने गंगा पार कर ली पर उसके बाद उसके लिए उन्नाव की तिल-तिल भूमि पहाड़ थी। 23 सितम्बर को वह आलमबाग पहुंचा। वहां इस बार बशीरतगंज की फौज थी जिसके मुकाबले दो बार हैवलॉक भागकर मगरवारा में शरण ले चुका था। अबकी बार हैवलॉक के पास पहले से कई गुनी अंगरेज व सिख सेना थी पर 23 नवम्बर तक वह रेल की पटरी न पार कर सका। इसी बीच तात्या टोपे ने कानपुर घेर लिया और हैवलॉक को वापस जाना पड़ा। आलमबाग के युद्ध में शाहगंज के मान सिंह (फैजाबाद) ने विशेष (!) वीरता दिखाई (ये वास्तव में अंगरेजों से मिल गए थे और इनके देशद्रोह की स्मारक मूर्ति अब भी बनारसी बाग में खड़ी है)। इसी युद्ध में कायरता का प्रदर्शन करने वाले हिमदुद्दौला को बेगम ने बर्खास्त कर दिया।

हैदरनहर का पुल

दूसरी ओर से सर कॉलिन कैम्पबेल ने इससे पहले 9 नवम्बर को ही लखनऊ पर हमला बोल दिया था और वह चारबाग पार करके हैदर कैनाल के पुल (नाका हिंडोला) तक आ गए। यहां भारतीयों की दो तोपों ने उन्हें रोका। आलमबाग स्थित भारतीयों की एक टुकड़ी ने उनका पीछा करने का प्रयास किया था पर चारबाग में पीली कोठी पर तैनात अंगरेजों की तोपों ने उनका मार्ग रोक दिया था।

इस समय लखनऊ के भारतीय सैनिक तीन दिन के उपवास के बाद भी लड़ रहे थे और नगर में हैजा आदि रोग फैले थे। पर प्रतिरोध में कमी नहीं आई। दरोगा नजफ अली और सूबेदार रजाअली हैदर कैनाल के पुल पर तोप चलाते हुए अंगरेजों की गोली लगने से वीरगति को प्राप्त हुए।

हुसैनगंज-बरफखाना

अंगरेज फौज ने पुल पार कर नहर से दाहिने मुड़कर पटरी-पटरी हुसैनगंज और बरफखाना होते हुए सिकन्दरबाग की ओर रुख किया। हुसैनगंज और बरफखाना में आग लगाकर तथा कत्लेआम, बलात्कार, जीवितों का दाह आदि करते अंगरेज सिकंदरबाग पहुंचे।

अंगरेज हैदर नहर की पुलिया के रक्षार्थ कुछ सिपाही छोड़ गए थे। पुल पर होकर भारतीयों ने हमला किया और अंगरेज सैनिक भागकर मुख्य दस्ते में जा मिले। भारतीयों के जबरदस्त प्रतिरोध के बावजूद सिकन्दरबाग[1] पर अंगरेजों की विजय हुई और इसके बाद वे मोतीमहल की ओर बढ़े।

मोती महल

भारतीय खुरशीद मंजिल (अब लॉ-मार्टिनियर गर्ल्स कॉलेज) से गोले बरसा रहे थे पर मोती महल पर शत्रु का अधिकार हो ही गया। अब अंगरेज सेना शाही महल के फाटक (चीना बाजार गेट) की ओर बढ़ी। उस समय यह लखनऊ की भव्य गुंजान बस्ती और शान-शौकत वाला बाजार था। विक्टोरिया पार्क उस समय खास बाजार था और नदी-तट पर लोहे के पुल से मोती महल तक कप्तान बाजार।

अंगरेजों का कैसरबाग की प्रबल तोपों से मुकाबला था। काफी को तो मोतीमहल पर ही खुरशीद मंजिल की तोपों ने रोक लिया था। शेष गलियों व घुमावदार सड़कों से होकर बेलीगारद की ओर बढ़े। इस पूरे मार्ग पर एक-एक इंच भूमि के लिए युद्ध हुआ। बेलीगारद पहुंचने पर इनके स्वागत में फाटक खुले—बेलीगारद में बंद सेना में कुछ भारतीय नमक हलाल भी थे। आगंतुक अंगरेज इतना घबराए थे कि उन्होंने गोली चलाकर उन सबको भून दिया। नमक हलालों को अंगरेज परस्ती का यह पुरस्कार मिला।

मोतीमहल पर रुकी अंगरेज फौज दिन-भर पग न निकाल सकी, रात

1. सिकन्दरबाग के युद्ध का वर्णन पृष्ठ 66 पर।

भर जमकर युद्ध हुआ। दिन में फिर कैसरबाग की और खुरशीद मंजिल की गोलाबारी का डर। अगले दिन रात को निकलकर छतर मंजिल के पीछे की तरफ से पाइनबाग[1] होकर इन लोगों का हमला हुआ। महल में केवल 150 भारतीय थे। प्राण रहते उन्होंने महल में अंगरेजों को घुसने न दिया। स्वतन्त्रता की वेदी पर उनके प्राणों की बलि के बाद ही अंगरेज महल में घुस सके। अगले दिन कप्तान बाजार (नदी-तट) पर अंगरेजों ने हमला किया। फतेहबख्श महल नवाब वाजिद अली के भाई का था। वह स्वयं विलायत में अपने भाई के अधिकार की पैरवी कर रहे थे। महल में उनके दो पुत्र और एक पुत्री थी। अंगरेजों ने महल लूटा, बाजार का नामोनिशान तक न रहा। पुरुषों की हत्या की गई और नवाबी खानदान की लड़की अन्य महिलाओं सहित अंगरेजों ने अपने बैरों को सौंप दी। छतरमंजिल के बाद जिन इमारतों को नष्ट किया गया, वे हैं—नुसरत गढ़, इमामबाड़ा, नवाब कदमिया महल, कोठी मंगल सेन, शोदा बाजार। बाजार के स्थान पर अब सपाट मैदान है। उस समय इस क्षेत्र की आबादी 20 हजार थी।

यह वह समय था जब दिल्ली पर अंगरेजों का अधिकार हो चुका था। नाना साहब बिठूर की भी रक्षा करने में असमर्थ थे। अंगरेज झांसी हस्तगत कर चुके थे और ऊटरम, कैम्पबेल, हडसन, हैवलॉक, नील आदि की सेनाएं लखनऊ पर टूटी पड़ रही थीं। गवर्नर जनरल एवं वाइसराय लॉर्ड कैनिंग इलाहाबाद में स्वयं थे। लखनऊ के अविस्मरणीय शौर्य की अंगरेज इतिहासकारों ने प्रशंसा की है। कैम्पबेल का प्रतिरोध करने वालों में अमेठी के लाला माधो सिंह की वीरता सदैव अमर रहेगी।

मार्टिन पुरवा

जिंदा अजायबघर और लामार्टिनियर कॉलेज के बीच मार्टिन पुरवा में कैम्पबेल की सेना का प्रतिरोध करने वाली भारतीय सेना को अपने बीच की गद्दारी का

1. अब जहां दीवानी अदालत की इमारतें हैं।

कुफल मिला। बंदूकें दगी ही नहीं, गोली चली ही नहीं। यह शस्त्रागार के हाकिम वाजिद अली और मान सिंह की मिलीभगत थी। पर भारतीयों ने तोप के मुकाबले तलवार निकालकर दो ओर से हमला किया और हमला करते हुए निकल गए।

सिकंदरबाग *

सिकन्दरबाग की कमजोर दिखावटी दीवारों के पीछे से होकर प्रतिरोध कर 71वीं व 11वीं पल्टन ने रणनीति के इतिहास में अपने को अमर कर लिया। दीवार टूटने पर भी अंगरेज नहीं, अंगरेजों के साथ के छद्मवेषी भारतीय ही अम्बाला के मुकारब खां के नेतृत्व में सुल्तानगंज की ओर से अंदर जाकर सिक न्दरबाग की रक्षापंक्ति को तोड़ सके थे। यहां तीन हजार भारतीयों ने अपने प्राण बलिदान किए। सिकन्दरबाग की जबरदस्त लड़ाई में अंगरेजों के छक्के छुड़ाती दो वीरांगनाओं[1] का अंगरेज इतिहासकार फॉरेस्ट ने जिक्र किया है जिन्होंने दर्जनों को मौत के घाट उतारा पर उन्हें जीवित पकड़ा न जा सका। सिकन्दरबाग अंगरेजों को जीवनशून्य ही मिला। यूक्लिपटस के पास मुबारितुद्दौला के महल ने आगजनी, कत्लेआम और क्रूरता का नग्न नृत्य देखा। फॉरेस्ट के शब्दों में भारतीय 'जान हथेली पर लेकर धार्मिक निष्ठा से लड़ रहे थे।' आलमबाग से बेलीगारद तक की लड़ाई में 'हर-हर महादेव', 'दीन-दीन', 'जय काली माई', 'अल्ला हो अकबर' के नारे हर एक के मुख से निकल रहे थे।

---

* भारतीय मुक्ति योद्धाओं की जांनिसारी का अद्भुत स्मारक जहां मौजूद तीन हजार वीरों में से एक ने भी तब तक हथियार चलाना नहीं छोड़ा जब तक उसकी एक भी सांस बाकी रही। इतिहासकार मालेसन के शब्दों में, 'जहां एक-एक कमरे के लिए, एक-एक सीढ़ी के लिए और बुर्जियों के एक-एक कोने के लिए युद्ध होता रहा। जब अंगरेजी सेना ने बाग पर कब्जा किया तो चारों ओर दो हजार से अधिक विद्रोहियों की लाशों के ढेर थे।'

1. इनमें से एक की पहचान वीरांगना ऊदा देवी पासी के रूप में हुई है।

तारा कोठी

खुरशीद मंजिल, मोतीमहल और तारा कोठी (वर्तमान स्टेटबैंक) ने दुतरफा गोलीबारी का मुकाबला किया था। एक ओर कैम्पबेल की सेना और दूसरी ओर अंगरेज द्वारा धोखे से हस्तगत छतरमंजिल की तोपें।

23 नवम्बर को कैम्पबेल ने बेलीगारद में बंद अंगरेजों को मुक्त कराया। रातभर में अंगरेजों को वहां से निकाला गया। 24 नवम्बर को बेलीगारद पर भारतीयों ने फिर कब्जा कर लिया। इसी दिन कैम्पबेल को तात्या टोपे की खबर पाकर कानपुर चले जाना पड़ा।

भारतीयों को 2 मार्च, 1858 तक दम मारने की फुरसत क्या मिली, लखनऊ ने फिर अपनी रक्षापंक्ति दृढ़ कर ली। 2 मार्च को फिर अंगरेजों का हमला हुआ। बीबियापुर से आलमबाग तक और दिलकुशा पर अधिकार करके अंगरेजों ने तीन टुकड़ियों में बंट कर लखनऊ को घेरने की योजना बनाई। योजना यह थी कि एक टुकड़ी चारबाग से सआदतगंज की ओर चले, दूसरी गोमती पार करके उस पार उतर जाए, ऊटरम के नेतृत्व में लखनऊ पर गोले बरसाए और तीसरी हजरतगंज होकर शहर में होती हुई कैम्पबेल के नेतृत्व में कैसरबाग आदि जीतती हुई बढ़े तथा तीनों टुकड़ियां नगर के पश्चिम में मिल जाएं। भारतीयों के पास तोपखाना न था, इसलिए गोमती पार की गोलाबारी का मुकाबला न कर सकते थे। गोमती पार किसी प्रतिरोध की आशंका अंगरेजों को न थी।

कुकरायल-उजरियांव

पर न जाने क्या जादू हो गया कि 5-6 मार्च को ऊटरम ने गोमती पार की और 7 मार्च को मौलवी अहमदुल्लाह शाह ने उन पर हमला कर दिया[1]। 8 मार्च को उजरियांव की चक्कर कोठी से सेनापति बख्त खां की भारतीय सेना ने भी

1. 6 मार्च की रात मौलवी अहमदुल्लाह शाह ने अपने जुझारू साथियों में जोश भरा कि पहले हुई हार तुम्हारी हार नहीं है। वह तो विश्वासघातियों के कारण हुई। अब उठो, फिर से दुश्मनों पर छा जाओ।

हमला कर दिया। ऊटरम वहां रुका, उजरियांव के कत्लेआम और अग्निकांड के लिए, जीवितों को भूनने के लिए। ऊटरम जीता पर मौलवी तथा बख्त खां का पता न चला।

उजरियांव को तबाह करके ऊटरम ने 10 मार्च को बादशाह बाग पर हमला किया, इधर कैम्पबेल ने फरहत बख्श कोठी (अब राजभवन) पर। दोनों नदी तटों पर अंगरेज सेनाओं का समानान्तर बढ़ाव ही योजना की सफलता थी। मोती महल, खुरशीद मंजिल, कैसरबाग पर फिर एक-एक इंच के लिए संग्राम हुआ। रास्ते भर अंगरेजों की क्रूरता खुल खेली।

प्रतिरोध

अंगरेज फौज दो टुकड़ियों में एक पत्थर के पुल की ओर और एक लोहे के पुल की ओर बढ़ रही थी। पहली पर अकस्मात संडीला के राजा हशमत अली और गुलाब सिंह की फौज ने हमला करके उसके पैर उखाड़ दिए और दूसरी को रक्षक तोपों ने भगा दिया। भागती हुई फौज भी क्रूरता से विरत न हुई। रास्ते में जो मिला उसे अंगरेज बादशाह बाग पकड़ ले गए। उन पर क्या बीती, यह बताने वाला वहां कोई न बचा और टाइम्स के संवाददाता रसेल यह दृश्य देख न सके थे।

बेगम की कोठी

अंगरेज फौज ने हजरतगंज में बेगम की कोठी (नवाब नासिरुद्दीन निर्मित इमारत जो कैपिटल सिनेमा से मकबरा अमजद अली तक थी)पर हमला किया। अंगरेज इतिहासकारों के अनुसार रोम और एथेंस की इमारतें भी इतनी सुन्दर न थीं। यहां आंगनों और कमरों तक में युद्ध हुआ—बेगमों ने भी युद्ध किया और यहीं दिल्ली के शहजादों का खून पीने वाला हडसन मारा गया। शहीदों को निकटस्थ मैदान (जॉर्ज पार्क) में फेंक दिया गया।

13 मार्च को जब मकबरे की इंच-इंच भूमि के लिए युद्ध हो रहा था, नेपाली राना जंगबहादुर सेना लेकर अंगरेजों की मदद के लिए आ गया। 14 मार्च तक अंगरेज फौज उस स्थान तक पहुंची थी, जहां आज जिलाधिकारी का बंगला है।

कैसरबाग

कैसरबाग की पीली कोठियां लोहे के चने के समान थीं। सआदत अली खां के मकबरे पर घोर संग्राम के बाद अंगरेजों ने इसमें प्रवेश किया। बेगम अंतिम समय तक मोर्चे पर डटी रहीं। अंगरेजों ने यहां कत्लेआम ही नहीं किया बल्कि दो सदी की संपत्ति लूटने में झांसी और दिल्ली की लूट को भी मात कर दिया।

कैसरबाग में अंगरेजों के प्रवेश के बाद ही बेगम चौलक्खी से हटने पर राजी हुईं। वहां से निकलकर बेगम मूसाबाग पहुंच गईं—वही जो लखनऊ की पहली लपट का केन्द्र स्थान था। इधर पता चला कि मौलवी आलमबाग और सआदतगंज में शंखनाद कर रहे हैं।

टीला मस्जिद

16 मार्च को ऊटरम ने गोमती पार की और मच्छी भवन के पास का इलाका, इमामबाड़ा आसफी, टीला मस्जिद अंगरेजों की लूट का शिकार बने।

दरगाह हजरते अब्बास और लाल कोठी

17 मार्च को मौलवी अहमदुल्लाह शाह ने नेपाली रोना के अगले दस्ते पर छापामार हमला किया।[1] गढ़ी कनौरा पर हैदर नहर पार करके हमला करने का

1. इस हमले में कई नेपाली अफसर और सिपाही मारे गए।

मंसूबा करने वाले शत्रु को दो दिन रोक रखा गया। नेपाली सेना को अम्बरपुर और दौरारा का मुकाबला याद आ गया। इसके बाद मौलवी साहब ने सआदतगंज में मोर्चा संभाला। दो युद्ध हुए। एक दरगाह हजरते अब्बास और दूसरा लाल कोठी (सआदत गंज) में। तीसरे दिन मौलवी फिर गायब थे।

इधर ऊटरम ने हुसैनाबाद पर कब्जा किया और चौक, नखास, काजमैन, मंसूर नगर होकर मूसाबाग[1] की ओर बढ़ने में मौलवी के छापामार हमले के कारण कैम्पबेल को दो दिन की देर लगी—उधर बेगम 18 मार्च को खैराबाद चली गईं जहां मुंशी हर प्रसाद ने उनका स्वागत किया। 19 मार्च को मूसाबाग पर अंगरेजों का हमला हुआ। लेकिन बेगम वहां से निकल चुकी थीं। गोमती के पश्चिमी तट पर एक कच्चे मकान को गढ़ बनाकर 50 भारतीयों ने मोर्चा लिया। उसके बाद कुछ जां-निसार युवकों ने मार्ग रोका—औसतन दो ने दो हजार को।

लखनऊ में अंतिम लड़ाई

21 मार्च को सआदत गंज में लखनऊ के स्वातन्त्र्य संग्राम की अंतिम किस्त अंगरेजों को मिली। इस समय लखनऊ में केवल सआदतगंज ही स्वतंत्र था। चार दिन तक लड़ाई चली। चारों ओर से घिरे मौलवी और उनके सेनानी भूखे-प्यासे रहकर अंगरेजों से टक्कर लेते रहे। जिस जीवट और दृढ़ संकल्प के साथ मौलवी अहमदुल्लाह शाह और उनके साथी लड़े, उसकी प्रशंसा मालेसन ने भी की है। भारतीय हारे, पर असंख्य अंगरेज हताहत हुए। मौलवी सैन्य संचालन करते देखे गए थे पर पराजय के बाद भी उन्हें पकड़ा न जा सका और वह आगे की लड़ाइयों के लिए पश्चिमी उत्तर प्रदेश पहुंच गए।

1. 17 मार्च को बेगम मूसाबाग में थीं।

परिशिष्ट : एक

कुछ महत्त्वपूर्ण तथ्य

विद्रोह का गुप्त संगठन

लेफ्टिनेंट जनरल टी.एफ. विलसन ने काफी खोज के बाद डिफेंस ऑफ लखनऊ में लिखा है कि हर सैनिक रेजीमेंट में तीन आदमियों की एक कमेटी थी। गदर से सम्बन्धित हर चीज के बारे में यह कमेटी ही फैसला करती थी। साधारण सैनिकों को इस बात का कुछ पता नहीं होता था कि उस कमेटी ने क्या फैसला किया है। विभिन्न रेजीमेंटों में केवल यह समझौता हो जाता था कि किस रेजीमेंट को क्या करना है।

विद्रोह के आरम्भ की योजना यह बनी थी कि सबसे पहले अंगरेज अफसरों को कत्ल किया जाए, उसके बाद खजानों को लूट लिया जाए और जेल तोड़ दी जाएं। उस समय उत्तरी पश्चिमी प्रांत (आज का उत्तर प्रदेश) की जेलों में लगभग 25 हजार कैदी थे।

कमल और चपाती

विद्रोह का सारा संगठन गुप्त था और उसमें योग देने का प्रतीक था कमल और चपाती।

एक गांव से एक कमल का फूल और कुछ चपातियां गांव का मुखिया लेकर दूसरे गांव के मुखिया को पहुंचाता था। वह मुखिया उन चपातियों के छोटे-छोटे टुकड़े सबको खाने के लिए बांट देता था। और फिर अपने गांव से

नया फूल और उतनी ही चपातियां बनवाकर दूसरे गांव को देने जाता था। यही सिलसिला सेना में भी था। एक अंगरेज ने कहीं एक चपाती पकड़ ली। उसे सन्देह हुआ कि इसमें कोई सन्देशा लिखा है। अतः उसने इधर-उधर देखा, तोड़कर देखा और फिर चूर करके देखा लेकिन चपाती का अर्थ वह क्या समझता!

जालिम और मजलूम

गदर के संबंध में जो मनगढ़ंत किस्से हमें पढ़ाए जाते हैं (उसे इतिहास कहना तो मूर्खता है) उनमें अंगरेजों की बहादुरी और दया तथा भारतीयों की कायरता तथा बर्बरता की बातें रहती हैं। लेकिन जिस बात को दुश्मन भी स्वीकार कर ले, उसी को सत्य मानना चाहिए।

ईस्ट इंडिया कम्पनी के खुफिया विभाग के अध्यक्ष सर विलियम म्योर ने लिखा है, ''चाहे जितनी भी ख़ून-ख़राबी और निर्दयता रही हो लेकिन भारतीयों द्वारा अंगरेज औरतों के साथ दुर्व्यवहार के किस्से जो फैल गए हैं वह, जहां तक मैं जांच कर सका हूं, सत्य से बिलकुल परे हैं।''

और केयी ने क्या लिखा है, ''मेरे पास यद्यपि सैकड़ों पत्र ऐसे हैं जिनमें हमारे अफ़सरों द्वारा किए भीषण बर्बर एवं निर्दयतापूर्ण कृत्यों का वर्णन है लेकिन मैं उनके संबंध में कुछ नहीं लिख रहा हूं ताकि यह विषय दुनिया के सामने न रहे।''

और वह निर्दय कृत्य क्या थे, वह भी सुनिये...,

''जनरल ऑर्थर वेलेजली ज़ख्मी सिपाहियों को अस्पताल नहीं वरन् तोप के मुंह पर भेजते थे और गोलन्दाज से कहते थे—पलीता लगा दो।''

''कोर्ट मार्शल में बैठने से पहले अफ़सरों को यह कसम खानी पड़ती थी कि चाहे कोई गुनहगार हो या बेगुनाह, वह उन्हें फांसी की सज़ा देंगे। और अगर कोई किसी बेगुनाह को सज़ा देने का विरोध करने का साहस करता तो

उपस्थित अफ़सरों की क्रोधवाणी से उसे चुप होना पड़ता था। फांसी की सज़ा सुनाए जाने के बाद उस व्यक्ति को तरह-तरह के कष्ट अंगरेज सैनिक देते थे और अफ़सर स्वीकृत मुद्रा में खड़े-खड़े देखते रहते थे।''

''जनरल नील ने हुक्म दे रखा था कि जिस गांव से विद्रोहियों को निकलते या घुसते देखो, उसे भस्म कर दो। हर व्यक्ति के लिए फांसी का तख्ता लगाने के झंझट से बचने के लिए चार-चार, पांच-पांच को एक साथ एक ही पेड़ की डाल में लटका दिया जाता था और युद्ध के मैदान में गिरे ज़ख्मियों को खींचकर दूर के किसी रेतीले मैदान में धूप में डाल दिया जाता था।''

परिशिष्ट : दो

बहादुर शाह जफर का घोषणा-पत्र
ब्रिटेन की सम्राज्ञी विक्टोरिया का घोषणा-पत्र
तथा बेगम हजरत महल का घोषणा-पत्र

सम्राट बहादुर शाह ज़फ़र का घोषणापत्र

हिन्दुस्तान के हिन्दू और मुसलमान भाइयो, उठो!

खुदा ने जितनी बरकतें इनसान को अता की हैं उनमें सबसे कीमती बरकत आज़ादी है। क्या वह ज़ालिम फ़िरंगी, जिसने धोखा देकर हमसे यह बरकत छीन ली है, हमेशा के लिए हमें उससे महरूम रख सकेगा? क्या खुदा की मर्जी के खिलाफ इस तरह का काम हमेशा जारी रह सकता है? नहीं, कभी नहीं! फ़िरंगियों ने इतने जुल्म किए हैं कि उनके गुनाहों का प्याला लबरेज़ हो चुका है। यहां तक कि अब हमारे पाक मज़हब का नाश करने की नापाक ख्वाहिश भी उनमें पैदा हो गई है। क्या तुम अब भी ख़ामोश बैठे रहोगे? खुदा यह नहीं चाहता कि तुम खामोश रहो क्योंकि खुदा ने हिन्दू-मुसलमानों के दिलों में उन्हें अपने मुल्क से बाहर निकालने की ख्वाहिश पैदा कर दी है और खुदा के फजल और तुम लोगों की बहादुरी के प्रताप से जल्दी ही अंगरेजों को इतनी कामिल शिकस्त मिलेगी कि हमारे इस मुल्क हिन्दुस्तान में उनका जरा भी निशान न रह जाएगा। हमारी फौज में छोटे और बड़े की तमीज भुला

दी जाएगी और सबके साथ बराबरी का बरताव किया जाएगा, क्योंकि इस पाक जंग में अपने धर्म की रक्षा के लिए जितने लोग तलवार खींचेंगे, वे सब एक समान यश के भागी होंगे। वे सब भाई हैं, उनमें छोटे-बड़े का कोई भेद नहीं। इसलिए मैं फिर अपने हिन्दू भाइयों से कहता हूं, उठो! ...और ईश्वर के बताए हुए इस परम कर्त्तव्य को पूरा करने के लिए मैदान-ए-जंग में कूद पड़ो।

...अनेक हिन्दू और मुसलमान सरदार जिन्होंने अपने धर्म की रक्षा के लिए अपने मकानों को छोड़ दिया था और जो भारत में अंगरेजी हुकूमत को उखाड़ फेंकने के लिए भरसक कोशिश कर रहे हैं, मेरे पास आए और धर्म युद्ध के संचालन में हिस्सा ले रहे है। यह निश्चित ही है कि मुझे निकट भविष्य में ही पश्चिम से सहायता मिलेगी, अतः आम जनता के सूचनार्थ यह इश्तिहार जिसमें अनेक धाराएं हैं, प्रकाशित किया जाता है और यह सभी का महान कर्त्तव्य है कि वे इस पर सावधानी के साथ विचार करें और इसका पालन करें। जो दल इसका पालन करना चाहते हैं लेकिन उनके पास कोई साधन नहीं है, उन्हें नित्य-प्रति जीविका मुझसे मिलेगी और सभी इस बात को जान लें कि हिन्दुओं और मुसलमानों के प्राचीन ग्रंथ, दिव्य शक्ति वाले लोगों की रचनाएं और ज्योतिषियों और पण्डितों का गणित, सभी इस बात की पुष्टि करते हैं कि अंगरेजों के पैर भारत अथवा अन्य कहीं नहीं जमने पाएंगे, अतः सभी को यह आशा छोड़ देनी चाहिए कि ब्रिटिश हुकूमत जारी रहेगी। मेरा साथ दीजिए तथा जन हित में निजी रूप से कार्य करके बादशाह के विश्वास का भाजन बनिए और इस प्रकार अपने हित-साधनों की प्राप्ति कीजिए।

यह जाहिर है कि ब्रिटिश सरकार ने जमींदारियां स्थापित करके बढ़े हुए 'जमा' लगाए हैं और बकाया मालगुजारी की वसूली के लिए रियासतों को सार्वजनिक नीलाम करके कई जमींदारों को अपमानित और बरबाद कर दिया है। यहां तक कि किसी नौकरानी अथवा गुलाम द्वारा दाखिल मुकदमे में इज़्ज़तदार जमींदारों को अदालत में लाया जाता है और फिर गिरफ़्तार करके अपमानित किया जाता है। तरह तरह के कर लगाए जाते हैं। बादशाही हुकूमत में इस प्रकार की जबरन वसूली अथवा लूट न होगी बल्कि दूसरी ओर

'जमा' सज़मान्य होंगे, जमींदारों का मान और उनकी इज़्ज़त सुरक्षित रहेगी और प्रत्येक जमींदार का अपनी-अपनी जमींदारी में स्वतंत्र शासन होगा। शरह और शास्त्रों के अनुसार बिना किसी खर्चे के जमींदारी झगड़ों का सरकारी तौर पर निर्णय किया जाएगा, और जो जमींदार वर्तमान लड़ाई में जन, बल और धन से सहायता करेंगे, उनकी आधी मालगुजारी हमेशा के लिए माफ़ कर दी जाएगी। ऐसे जमींदार जो केवल धन की ही सहायता देंगे, उनकी एक-चौथाई मालगुजारी हमेशा के लिए माफ कर दी जाएगी और यदि कोई जमींदार, जिसकी भूमि अंगरेजी हुकूमत के समय अवैध रूप से छीन ली गई है, स्वयं लड़ाई में शामिल होता है तो उसकी जमींदारी उसे वापस कर दी जाएगी और एक-चौथाई मालगुजारी भी माफ कर दी जाएगी।

स्पष्ट है कि नास्तिक और विश्वासघाती ब्रिटिश हुकूमत ने सभी अेछी तथा बहुमूल्य वस्तुओं जैसे नील, कपड़ा तथा जहाजों द्वारा भेजी गई अन्य वस्तुओं की तिजारत पर अपना पूरा अधिकार जमा लिया है और केवल मामूली वस्तुओं का व्यापार लोगों के लिए छोड़ दिया है। बादशाही हुकूमत में प्रत्येक सौदागर का यह कर्त्तव्य होगा कि वह लड़ाई में शामिल हो और अपनी बादशाही हुकूमत को अपनी हैसियत को नजर में रखते हुए गुप्त रूप से अथवा खुले तरीके से जन, बल तथा धन से सहायता पहुंचाए और ब्रिटिश हुकूमत से अपना नाता तोड़ दे। ऐसे सभी हिन्दुस्तानी, चाहे वे हिन्दू हों अथवा मुसलमान, जो अंगरेजों से लड़ाई करते समय अपने प्राणों की आहुति देंगे, अवश्य स्वर्ग को जाएंगे। अत: ब्रिटिश सेना में काम करने वाले सभी भारतीयों को अपने धर्म एवं हित के प्रति पूर्ण जागरूक होना चाहिए तथा अब अंगरेजों के प्रति अपनी वफ़ादारी तोड़ कर बादशाही हुकूमत का साथ देना चाहिए।

यह जाहिर है कि अंगरेजों ने भारत में विदेशी चीजों का प्रचार करके यहां के बुनकरों, रुई धुनकारों, बढ़इयों, लोहारों, मोचियों आदि का काम-धन्धा चौपट कर दिया है और उनकी रोजी छीन ली है जिसके कारण ये सभी गरीबी और तबाही के शिकार हो चुके हैं लेकिन बादशाही हुकूमत में इन लोगों को बादशाहों, राजाओं और रईसों के यहां काम मिलेगा और निश्चय ही ये फिर से सुखमय जीवन बिताएंगे, अत: इन लोगों को चाहिए कि अंगरेजों की

नौकरियां छोड़ कर विद्रोहियों को युद्ध में सहायता दें और इस प्रकार सुख तथा शांति का जीवन प्राप्त करें। पण्डित और फ़कीर क्रमश: हिन्दू और इस्लाम धर्म के रक्षक हैं और चूंकि यूरोप के निवासी दोनों धर्मों के शत्रु हैं तथा धर्म के कारण ही वर्तमान लड़ाई लड़ी जा रही है, इसलिए पंडितों और फ़कीरों को चाहिए कि वे मेरे पास आएं और धर्म-युद्ध में अपना सहयोग प्रदान करें। यदि वे ऐसा नहीं करते तो उन्हें शरह और शास्त्रों के अनुसार दोषी ठहराया जाएगा। यदि वे आते हैं तो उन्हें बादशाही हुकूमत की पूर्ण स्थापना के पश्चात लगान-मुक्त जमीन प्रदान की जाएगी।

अंत में सभी यह जान लें कि इश्तिहार के जारी हो जाने के पश्चात उपर्युक्त वर्गों में से, जो कोई ब्रिटिश हुकूमत का भक्त बना रहेगा, उसकी जायजाद जब्त कर ली जाएगी, सज़्पत्ति लूट ली जाएगी और उसे परिवार सहित जेल में बंद कर दिया जाएगा। इस प्रकार उसे अंत में अपनी जान से भी हाथ धोना पड़ेगा।

बेली गारद के पास लगने वाले नारे

सब मिल के कसम खाओ
ठंडा करो दुश्मन को तुम

अब तो घरों से निकलो
ऐ आशिके वतन तुम

कदम बढ़ाओ शाने वतन
तेग उठाओ चलो-चलो

गफ़लत छोड़ो जाने वतन
अलख जगाओ चलो-चलो

महारानी विक्टोरिया का घोषणा-पत्र

1 नवम्बर 1858 को इंग्लैंड की साम्राज्ञी विक्टोरिया ने भारत का शासन ईस्ट इंडिया कंपनी से इंग्लैंड की सरकार को हस्तांतरित करने की घोषणा की। इस घोषणा-पत्र में कहा गया, '...हमें हिन्दुस्तान के साथ दिली हमदर्दी है, उन मुसीबतों में जो कि उन महत्वाकांक्षी लोगों के कारनामों से नाजिल हुई है जिन्होंने अपने देश वासियों को धोखा देकर और उनमें झूठी खबरें फैलाकर उन्हें खुली बगावत के लिए उभार दिया। जंगे मैदान की उस बगावत को कुचल देने से हमारी ताकत का इजहार हो चुका है। अब उन लोगों के अपराध क्षमा करके, जो अब अपने कर्त्तव्य के पालन पर लौटना पसन्द करें, हम अपनी कृपा का इजहार करना चाहते हैं।'

'...कई जरूरी कारणों से हमने यह निश्चय किया है और इस बारे में हमने लॉर्ड्स और पार्लियामेंट के साधारण सदस्यों का परामर्श भी ले लिया है कि हम हिन्दुस्तान के उन इलाकों की हुकूमत अपने हाथों में संभाल लें जिन पर अभी तक माननीय ईस्ट इंडिया कम्पनी हमारी ओर से बतौर ट्रस्ट राज्य करती थी।'

घोषणा-पत्र में वचन दिया गया कि जिस-जिसने भी अंगरेजों के विरुद्ध विद्रोह किया है, किन्तु अपने शस्त्र समर्पित कर दिए हैं और ब्रिटेन की शरण में आ गए हैं उन्हें सार्वजनिक क्षमादान दिया जाएगा और उनकी सम्पत्ति भी जब्त नहीं की जाएगी। इतना ही नहीं अपितु उनके अपराधों की भी जांच पड़ताल नहीं की जाएगी।

इस घोषणा में ही राजा-महाराजाओं के दत्तक पुत्र लेने के अधिकार को भी मंज़ूरी दी गई। यह अभिवचन भी दिया गया कि जनता के धार्मिक अधिकारों और रूढ़ियों में किंचितमात्र भी हस्तक्षेप नहीं किया जाएगा।

घोषणा-पत्र में कहा गया,'ईस्ट इंडिया कम्पनी के कार्यकाल में नागरिक तथा सैनिक पदों पर काम कर रहे वर्तमान कर्मचारियों को हम उन्हीं पदों तथा अधिकारों पर बनाए रखने का भी वचन देते हैं किन्तु भविष्य के नियम-कानूनों का निर्धारण हम स्वेच्छानुसार करेंगे और उन्हें इनका पालन करना होगा।'

'ईस्ट इंडिया कम्पनी ने देशी राज्यों और संस्थानों से जो संधियां की हैं अथवा करार किए हैं, उनका अक्षरशः पालन किया जाएगा। दूसरे पक्ष द्वारा भी उनका पालन होगा, ऐसी भी मुझे आशा है। इस समय जितने प्रदेश पर हमारा अधिकार है, उससे अधिक पर अधिकार करने की हमारी इच्छा नहीं है। जिस प्रकार हम अपनी प्रभुसत्ता के अधिकारों तथा मातहत प्रदेशों पर किसी प्रकार का और किसी का भी अतिक्रमण मौन रहकर सहन नहीं करेंगे, उसी प्रकार दूसरे के अधिकारों पर भी कोई आक्रमण करने की अनुमति नहीं देंगे। देशी नरेशों के अधिकार, सम्मान और पद की प्रतिष्ठा का विचार करते हुए हम उनके साथ नितान्त आदरपूर्वक व्यवहार करेंगे। हमारी यह भी इच्छा है कि हमारी प्रजा के समान ही वे भी उन्नति करें और आन्तरिक शान्ति तथा सुरक्षा और सुप्रबन्ध से प्राप्त होने वाली सामाजिक प्रगति का भी उन्हें लाभ प्राप्त हो।'

घोषणा में यह इच्छा भी व्यक्त की गई कि 'हमारे प्रजाजनों में जो भी अपनी शिक्षा, क्षमता एवं कर्तव्य के आधार पर योग्यता अर्जित कर ले तो जाति, धर्म, पंथ—किसी का भी विचार न करते हुए उसे निःसंकोच और

निष्पक्ष भाव सहित हमारी सेवा में किसी पद पर भरती किया जाए।'

यह भी कहा गया कि 'जिन लोगों ने ब्रिटिश प्रजाजनों की हत्या करने में सक्रिय योग दिया हो और जिनके विरुद्ध अभियोग प्रमाणित हो चुका हो, उन अपराधियों के अतिरिक्त अन्य सभी को हम क्षमा करने की घोषणा करते हैं।'

'जो अन्य व्यक्ति अभी तक भी सशस्त्र होकर हमारे विरुद्ध युद्ध कर रहे हैं, वे भी यदि अपने ग्रामों में वापस चले जाएंगे, अपने पहले के कामों में लग जाएंगे तो उन्होंने हमारे तथा हमारे शासन के विरुद्ध जो भी अपराध किए हैं, हम उन्हें नितान्त कृपा सहित भूल जाने को तत्पर हैं।'

बेग़म हज़रत महल का घोषणा-पत्र

इंग्लैंड की महारानी विक्टोरिया के घोषणा-पत्र के पाखण्ड को पहचानते हुए बेगम हज़रत महल ने उसके जवाब में अपना घोषणा-पत्र जारी कर अवध की जनता को आगाह किया कि विक्टोरिया का घोषणा-पत्र एक छलावा है और अवधवासी इस जाल में न फंसें। बेगम का यह जवाबी घोषणा-पत्र उनके राजनीतिक विवेक, सतरों के बीच के पाठ पढ़ लेने की उनकी क्षमता और उनकी प्रबल तर्क-शक्ति की बानगी है। यह घोषणा-पत्र अवध की जनता के साथ बेगम के आत्मीय और गहरे जुड़ाव का भी प्रतीक है।

"इंग्लैंड की रानी के घोषणा-पत्र में यह बताया गया है कि देशी नरेशों से कम्पनी ने जो संधियां की हैं अथवा प्रस्ताव प्रस्तुत किए हैं, वह उन सभी का पालन करेगी। किन्तु भारतीय जनता को इस कपटपूर्ण चाल को भली भांति समझ लेना चाहिए। कम्पनी तो सम्पूर्ण भारत को ही हड़प कर चुकी है और इसको सिर आंखों पर रखना हो तो इंग्लैंड की रानी ने कौन से नई बात कही है? भरतपुर नरेश को कम्पनी ने वचन दिया था कि उसे पुत्रवत माना जाएगा और दूसरी ओर उसके सम्पूर्ण राज्य पर हाथ साफ कर दिया।

लाहौर के अधिपति (दिलीप सिंह) को लन्दन में बन्दी बनाकर रख दिया गया है और उन्हें भारत नहीं लाया जाता। नवाब शमसुद्दीन को इन्हीं अंगरेजों ने एक हाथ से फांसी पर लटकाया और दूसरे हाथ से उसे सलाम करते हुए भी उन्हें तनिक सी लज्जा नहीं आयी। सतारा के छत्रपति को, पूना के पेशवा को बन्दी बनाया और मृत्यु-पर्यन्त बिठूर में उनसे पेंशन चढ़वाते रहे। काशी नरेश को इन्होंने आगरा में बन्दी बनाकर रखा। इन्होंने ही बिहार, उत्कल और बंग भूमि के राजाओं को और जागीरदारों को समूल नष्ट कर दिया। इन्होंने अवशिष्ट वेतन का वितरण करने के नाम पर अवध का सम्पूर्ण पैतृक धन भी हड़प लिया। हां, इतनी कृपा अवश्य ही की कि सन्धि के 7वें परिच्छेद में इस प्रतिज्ञा का अवश्य ही उल्लेख कर दिया कि भविष्य में और कोई वसूली नहीं की जाएगी। ऐसी स्थिति में जो कुछ कम्पनी ने किया है, यदि उसी को स्वीकृत करने की बात इंग्लैंड की रानी भी करती हो तो पहले की और आज की स्थिति में अन्तर ही क्या है? यह सब तो पुरानी ही बातें हैं। किन्तु हाल में लिखी गई सन्धि की शर्त्तों की पूर्णत: उपेक्षा करके और हमारा लाखों रुपये का ऋण उसकी ओर होते हुए भी कम्पनी को जब कोई अन्य बहाना हाथ न आया तो 'शासकों के प्रति प्रजा में असन्तोष' का झूठा बहाना गढ़कर हमारे विपुल धन और करोड़ों रुपये के प्रदेश को हड़प लिया। यदि हमारी प्रजा इससे पूर्व नवाब वाजिद अली शाह के शासनकाल में सुखी नहीं थी तो अब हमारे प्रशासन काल में उसके सन्तुष्ट हो जाने का कारण क्या है? आज हमारी प्रजा हमारे प्रति जितनी श्रद्धा और प्रेम और राजनिष्ठा का प्रदर्शन कर रही है, उतनी तो शायद ही किसी राजा की प्रजा ने प्रदर्शित किया होगा। ऐसी स्थिति में हमारा प्रदेश हमें क्यों नहीं लौटाया जा रहा है? इंग्लैंड की रानी ने यह भी कहा है कि और अधिक प्रदेशों पर विजय प्राप्त करके उन्हें अपने शासन में मिलाने की उसकी कोई इच्छा नहीं है किन्तु इस कथन के बावजूद राज्यों पर दखल करने का कार्य पूर्ववत् चल ही रहा है। यदि अब उसने सम्पूर्ण शासन-व्यवस्था अपने हाथों में ले ली है, तो फिर हमारे प्रजाजनों द्वारा स्पष्टत: अपनी इच्छा की अभिव्यक्ति कर देने के पश्चात भी हमारा राज्य हमें वापस क्यों नहीं दिया जा रहा है!

''किसी भी राजा अथवा रानी ने आज तक विद्रोह के अपराध में सम्पूर्ण सेना अथवा सम्पूर्ण जनता को कदापि दण्डित नहीं किया, यह सत्य जगत विख्यात है। सभी को क्षमा किया जाएगा, क्योंकि सम्पूर्ण सेना अथवा समग्र हिन्दुस्तान को दण्डित किया जाना कोई भी विचारवान व्यक्ति कदापि पसन्द न करेगा। उन्हें यह भी भली-भांति विदित है कि जब तक दण्ड का भय विद्यमान रहता है, तब तक विद्रोह की ज्वाला भी शान्त नहीं हो पाती। 'मरता क्या न करता', यह कहावत भी सुप्रसिद्ध ही है।

''रानी की घोषणा में कहा गया है कि जिन्होंने विद्रोहियों को आश्रय दिया अथवा विद्रोह को प्रोत्साहन दिया है, उनका पता लगाकर भी उन्हें प्राणदण्ड नहीं दिया जाएगा, अपितु नाममात्र का दण्ड दिया जाएगा। किन्तु जिन्होंने स्वयं हत्या की है अथवा हत्या करने में सहायता की है, उनके साथ किसी प्रकार भी दया प्रदर्शित नहीं की जाएगी, किन्तु अन्य सभी को क्षमा प्रदान कर दी जाएगी। इस घोषणा को पढ़कर तो कोई मूर्ख भी यह समझ सकता है कि चाहे कोई अपराधी हो या न हो, कोई भी दण्डित हुए बिना नहीं रहेगा। इस घोषणा में तो सभी कुछ लिखकर भी कुछ नहीं लिखा गया। किन्तु एक तथ्य तो स्पष्टत: उल्लिखित है ही कि जिस किसी का भी क्रान्ति से सम्बन्ध रहा है, ऐसा एक भी व्यक्ति छोड़ा नहीं जाएगा। यह भी स्पष्ट है कि जिस नगर अथवा अंचल में हमारे सैनिक रुके हैं उस ग्राम के सभी ग्रामीणों को क्षमा नहीं किया जा सकता। शत्रुता से परिपूर्ण रानी की इस घोषणा को पढ़कर मेरे मन में यह चिन्ता उत्पन्न हो गई है कि हमारी प्रिय प्रजा के साथ क्या व्यवहार किया जाएगा। उस व्यवहार की कल्पनामात्र से मेरा हृदय भर आता है। अत: मैं स्पष्ट शब्दों में विश्वास दिलाती हूं कि जो ग्राम-प्रमुख अपनी अनभिज्ञता के वशीभूत होकर अंगरेजों के समक्ष आत्म-समर्पण कर चुके हैं, वे 1 जनवरी, 1859 से पूर्व ही हमारे शिविर में उपस्थित हो जाएं। इस बात में कोई संशय नहीं है कि मैं उन्हें क्षमा प्रदान कर दूंगी। हिन्दुस्थान के राज्यकर्त्ता दयालु और उदार रहे हैं, इस अनुभव को ध्यान में रखते हुए हमारी घोषणा पर विश्वास करो। सहस्त्रों लोगों ने यह अनुभव ग्रहण किया है, लक्षाविधि लोगों ने भारतीय शासकों की यह कीर्ति सुनी है,

किन्तु अंगरेजों ने कभी एक भी अपराधी को क्षमा किया है, यह भी किसी ने नहीं सुना होगा।

"इंग्लैंड की रानी की घोषणा में यह भी कहा गया है कि शान्ति की प्रस्थापना के उपरान्त लोगों की स्थिति सुधारने की दृष्टि से राजमार्ग बनेंगे और नवीन नहरों का निर्माण आदि जनहित के कार्य किए जाएंगे। उनके इस आश्वासन से ही यह स्पष्ट हो जाता है कि वे हिन्दुस्थान की जनता को सड़कें बनाने और नहरें तथा कुएं आदि खोदने से अधिक अन्य कोई महत्त्वपूर्ण कार्य नहीं सौंप सकते।

"इसका अर्थ यदि जनता ने ध्यानपूर्वक समझने की चेष्टा न की तो फिर आशा की कोई सम्भावना नहीं रह जाएगी।

"मैं यही चाहती हूं कि इस घोषणा-पत्र के भुलावे में किसी को भी नहीं फंसना चाहिए।"

परिशिष्ट : तीन

अवध के प्रमुख क्रांतिवीरों का परिचय

सम्राट बहादुर शाह ज़फ़र

1857 का मुक्ति युद्ध बहादुर शाह जफर को हिन्दुस्तान का बादशाह घोषित कर उनके ही नाम पर लड़ा गया। 10 मई 1857 को मेरठ फतह कर स्वतंत्रता सेनानी सीधे दिल्ली पहुंचे और बहादुर शाह से क्रांति का नेतृत्व करने का आग्रह कर उन्हें बादशाह घोषित कर दिया। अपनी उम्र देखते हुए और इसलिए भी कि इस सेना को वेतन दे पाना उनके बस में न था, वह पहले हिचकिचाए लेकिन मेरठ से दिल्ली पहुंचे बहादुर सिपाहियों के उत्साह को देखकर वह बखुशी इस क्रांति में शरीक हुए। 14 मई 1857 को वह राष्ट्रीय सरकार के बादशाह घोषित हुए। उन्होंने अपना जो मंत्रिमंडल बनाया, वह उनके प्रगतिशील सोच का परिचायक है। उनकी परिषद में हिन्दू-मुसलमान ऊंचे पदों पर थे। उन्होंने हर फैसला जनतांत्रिक ढंग से लेने पर भी जोर दिया।

क्रांति के प्रति उनके समर्पण का आलम यह था कि वह 84 वर्ष की उम्र में लाल किले का अपना सिंहासन छोड़कर बाकायदा युद्ध के मैदान में पहुंच गए। लेकिन सितम्बर तक हालात बदल चुके थे। आला दर्जे के शायर इस संवेदनशील बादशाह को मुल्क को फिरंगियों के चंगुल से छुड़ाकर आजाद

कराने की चाहत की कीमत अपने वतन से दूर कैद और अपने बेटों की हत्या के रूप में अदा करनी पड़ी। उन्होंने ये सारे गम चेहरे पर बिना एक भी शिकन लाए गरिमापूर्वक बर्दाश्त किए। जब बर्बरता की हद पार करते हुए मेजर हडसन ने उनके दो बेटों और एक पोते के सिर काटकर एक थाल में कपड़े से ढककर नजराने के रूप में बहादुर शाह जफर के पास भेजा तो बादशाह ने अपने प्यारे बेटों का यह हाल देखकर सिर्फ इतना कहा कि तैमूर की औलादें इसी तरह सुर्खरू जंग से वापस आया करती हैं।

उन्हें लालकिले में कुछ समय कैद रखने के बाद देशनिकाला देकर रंगून भेज दिया गया। निर्वासित बहादुर शाह जफर के मनोभावों को अभिव्यक्त करती दो नज्में परिशिष्ट में दी गई हैं। सितम्बर 1862 में वह अपने प्यारे वतन से दूर चिरनिद्रा में सो गए।

कितना है बदनसीब जफर दफ्न के लिए
दो गज़ ज़मीन भी न मिली कू-ए-यार में

बेगम हज़रत महल

बेगम हज़रत महल अवध के नवाब वाजिद अली शाह की अनेक पत्नियों में से एक थीं लेकिन अवध के मुक्ति संग्राम में उन्होंने जो भूमिका निभाई उसके कारण वह जोन ऑफ आर्क जैसी विश्व की शीर्ष बहादुर महिलाओं की कोटि में रखी जाएंगी। अंत:पुर की एक साधारण बेगम जिस तरह एक जननेत्री के रूप में बदल गई, वह 1857 के मुक्ति संग्राम के स्वरूप को भी स्पष्ट करता है। बेगम न सिर्फ एक कद्दावर राजनेता और अच्छी शासक सिद्ध हुईं, रणक्षेत्र में भी उन्होंने अपनी बहादुरी का लोहा मनवाया। अवध में तूफानी दौरे करके उन्होंने जनता में उत्साह भरने का काम भी बखूबी किया।

जो तालुकदार इस मुक्ति संग्राम में शामिल न होकर अंगरेजों की चाटुकारिता में लगे रहे, उनके प्रति बेगम ने कड़ा रुख अख्तियार किया था। इसका एक उदाहरण है एक सनद द्वारा राजा मानसिंह की रियासत का छीना जाना। मान सिंह ने अंगरेजों से मदद मांगी मगर अंगरेज फैजाबाद में घुस पाते तब न! बेगम के आदेश पर भारतीय सैनिकों ने मानसिंह को उसके किले में घेर लिया और उसे माफ करने की यह शर्त रखी कि वह तीन लाख रुपये बेगम

को दे, स्वतंत्रता सेनानियों को चार महीने की तनख्वाह और 15 तोपें दे तथा खुद क्रांति में शामिल हो।

लखनऊ पर अंगरेजों का कब्जा हो जाने के बाद से बेगम बौंडी (बहराइच) से शासन चलाती रहीं। घाघरा पार अब भी उनका ही शासन था। गोंडा और बहराइच लगातार अंगरेज की पहुंच से दूर रहे। गोंडा और चर्दा के राजा बेगम के विश्वस्त लोगों में थे। नाना साहब और बाला राव भी बौंडी पहुंच गए थे। इनसे भी बेगम को काफी बल मिला था।

उनका बौडी का किला पूरी तरह सुरक्षित था। उसके चारों ओर 15-16 हजार भारतीय सैनिक लगातार बने रहते थे। लगभग डेढ़ हजार घुड़सवार सैनिक 500 सिपाही और तमाम नजीब और भारतीय क्रांति को समर्थन देने वाले वहां उनकी सुरक्षा के लिए डटे थे। यहां से बेगम बाकायदा सैन्य संचालन की रिपोर्ट लेतीं, उस पर चर्चा करतीं और आगे की योजनाएं बनातीं। अंगरेजों के वफादार तालुकदारों को लूटने के आदेश बेगम ने यहीं से जारी किए थे।

पूरे अवध और उत्तरी तथा पूर्वी रुहेलखण्ड में भारतीय सिपाहियों के संयुक्त अभियान की योजना यहीं बनाई गई थी। द टाइम्स के संवाददाता डब्ल्यू.एच. रसेल ने लिखा है कि बेगम में बड़ी पराक्रम और योग्यता दिखाई देती थी। वह अपने बादशाह पति से बेहतर मर्द थीं।

बेगम हज़रत महल की बहादुरी से महल की वे बेगमें भी उनकी मुरीद हो गईं जिन्होंने शुरू में बिरजीस कद्र को नवाब बनाना पसंद नहीं किया था और इस बात पर नाराजगी भी जाहिर की थी। लेकिन अब बेगम की भूमिका पर वे गौरवान्वित महसूस कर रही थीं। नवाब वाजिद अली शाह के नाम एक पत्र में शैदा बेगम ने लिखा है: 'आपके जाने के एक साल के बाद वह-वह बलवा ए आम हुए, वह-वह मुसीबतें आईं जो खुदा दुश्मन को भी नसीब न करे। हज़रत महल ने ऐसी बहादुरी दिखाई कि दुश्मन के मुंह फिर गए, बड़ी जोरदार औरत निकली, सुल्ताने आलम का नाम कर दिया कि जिसकी औरत ऐसा मरदानावार मुकाबला कर सकती है तो मर्द कैसा बहादुर और शुजा होगा, जब ही खौफ से हुजूर को आंखों-आंखों में रखा।'

'मैं नहीं समझती थी कि हज़रत महल ऐसी आफ़त की परकाला है, खुद

हाथी पर बैठकर तिलंगों (आजादी के दीवानों) के आगे-आगे फिरंगियों से मुकाबला करती है। आंख का पानी ढल गया है और इसको हिरास मुहलक नहीं है। गरज यह कि आलमबाग पर बड़ा मुकाबला रहा। अहमदुल्लाह शाह ने भी बेगम से मुलाकात की।'

इसी खत में कैसरबाग पर अंगरेजों का कब्जा होने की स्थिति में बेगम के शहर छोड़ने का भी जिक्र है—''जनाबे आलिया सरासीमा परेशान पा पियादा मय सहबाते महल और शागिर्द पेशागोल औरात मुलाजमीन बाग के कोठों पर से घसियारी मण्डी के फाटक से बाहर निकलीं और हल्कये औरात सफेबस्ता उनके बीच बिरजीस कद्र एक सैयद की गोद में कंधे से चिमटे हुए और गालीचा चांदनी रफये एहतिमाल को डाले हुए। जिसने रास्ते में काफिलिये नामूसे शाही को देखा, बेइख्तियार रोने-पीटने लगा। ये इंकिलाब का जमाना है। बहरहाल गलियों में पड़ती टीलेशाह पीर जलील से गुजरकर पुल मौलवीगंज में जवाहर अली खां के यहां पहुंची। वहां से पीनस में सवार होकर गुलाम रजा खां के घर उतरीं, फिर शरफुद्दौला के यहां गईं। रात को शाह जी के मकान में ठहरीं। जनरल ऊटरम ने कहला भेजा, 'तुम अपने महल में आराम से रहो। हम बागियों को निकालकर तुम्हारा एहतेराम करेंगे' लेकिन हज़रत महल ने मुसीबत उठाकर भी हिम्मत न हारी। 29 रजब को करीब शाम मय बिरजीस कद्र पीनस में सवार होकर नाका आलमबाग की तरफ से मय मम्मू खां घोड़े पर सवार लखनऊ से रवाना हो गई... ।''

रसेल ने बेगम की बहादुरी और दृढ़ता की तारीफ करते हुए लिखा,'बेगम में बड़ी योग्यता और तेजस्विता दिखाई देती है।...बेगम ने हमारे विरुद्ध अखण्ड युद्ध की घोषणा की है। इन रानियों और बेगमों के शक्तिशाली चरित्र देखकर ऐसा लगता है जैसे इन्हें अपने रनिवासों और हरमों में जबर्दस्त मानसिक शक्ति प्राप्त होती थी और वे किसी भी स्थिति में उचित कदम उठाने में समर्थ थीं।'(डब्ल्यू. एच. रसेल की डायरी, पेज 275, नरेटिव्स ऑफ दि म्यूटिनी, पृ. 408)

बेगम के चरित्र की उदात्तता को इस बात से बहुत अच्छी तरह से समझा जा सकता है कि जब कॉलिन की सेनाओं ने लखनऊ में प्रवेश करते ही निर्दोष

नागरिकों की हत्याएं शुरू कर दीं तो क्रांतिकारियों ने भी क्षुब्ध होकर बेगम से अंगरेज कैदियों की मांग की। क्रांतिकारियों ने अंगरेज महिला बंदियों की भी मांग की ताकि उन्हें भी सजा दी जा सके। उनकी इस मांग को अनुचित मानते हुए बेगम ने ''नारी जाति की इज्जत के नाम पर ऐसा करने से साफ इनकार कर दिया। सभी अंगरेज महिलाओं को अपने जनानखाने में लाकर उन्होंने उनकी प्राणरक्षा की।'' यह बात किसी हिन्दुस्तानी ने नहीं, चार्ल्स बाल ने लिखी है। (सी. बाल, इंडियन म्यूटिनी, खंड-2, पृ.14)

बेगम हज़रत महल का बगावत के नाम पैगाम भी उनकी सुलझी हुई सोच का नमूना है जिसमें उन्होंने जमींदारों, तालुकदारों, नवाबों के सम्मुख ऐलान किया था कि वे जात-पांत, वर्ग-संप्रदाय की भावना से ऊपर उठाकर बगावत में सहयोग दें तभी अंगरेजों से मोर्चा लिया जा सकेगा। बेगम ने स्त्रियों की ताकत भी पहचानी थी और अपने संगठन में महल की नौकरानियों, बांदियों, सहेलियों, सभी को शामिल किया था। प्रशिक्षण भी दिया था।

महारानी विक्टोरिया के घोषणा-पत्र के जवाब में उन्होंने उस घोषणा-पत्र के एक-एक बिन्दु पर जिस तरह प्रश्न चिह्न लगाए हैं, वह उनकी परिपक्व राजनीतिक दृष्टि का प्रमाण है। (विक्टोरिया के जवाब में बेगम की घोषणा के लिए देखें परिशिष्ट-दो)। बेगम के प्रखर राजनीतिक व्यक्तित्व के आगे उनके व्यक्तित्व के अन्य महत्त्वपूर्ण पक्ष उपेक्षित रह गए। वह अच्छी शायरा भी थीं। (उनकी एक नज्म परिशिष्ट चार में दी गई है।) बेगम अत्यंत उदार भी थीं। अपने सैनिकों की बहादुरी पर वह उनकी दिल खोलकर प्रशंसा करती थीं और उन्हें पुरस्कार भी देती थीं। जुलाई से सितम्बर तक बेगम हजरत महल मैदान में डटी रहीं लेकिन फिर पराजय निश्चित जान अंगरेजों से बचने के लिए अपने सहयोगियों और हजारों सेनानियों के साथ नेपाल चली गईं। नेपाल का शासक जंगबहादुर अंगरेजों का जरखरीद गुलाम था। उसने अंगरेजों को इस बात की पूरी आजादी दी कि वे 'विद्रोहियों' को नेपाल आकर गिरफ्तार कर लें।

अंगरेज सरकार की ओर से कई बार इस आशय का प्रस्ताव मिलने के बावजूद कि यदि वह आत्मसमर्पण कर दें तो उनका मान-सम्मान उन्हें वापस

मिल जाएगा और उनकी पेंशन भी मिलने लगेगी, बेगम ने इन प्रस्तावों को मानने से इनकार कर दिया। नेपाल के राजा ने जब वार्ता के लिए उन्हें धोखे से अपने महल बुलाकर उन्हें उनकी सेना से अलग कर दिया और उन्हें पुनः अंगरेज सरकार का प्रस्ताव दिया तो बेगम ने नेपाल में ही अत्यंत गरीबी का निर्वासित जीवन बिताना बेहतर समझा लेकिन अंगरेजों के समक्ष आत्मसमर्पण करने का प्रस्ताव स्वीकार नहीं किया।

नाना साहब

1857 की क्रांति के सूत्रधारों में से एक नाना साहब बाजीराव पेशवा के दत्तक पुत्र थे। उनके अनेक नाम प्रचलित हैं—घोड़ी पंत, धुंडिराज, गोविंद। नाना साहब विद्वान और कलाप्रेमी थे। मराठी, उर्दू, हिन्दी, फारसी पर उनका अधिकार था। 28 जून 1851 में बाजीराव पेशवा की मृत्यु के बाद अंगरेज सरकार ने नाना साहब को उनका उत्तराधिकारी मानने से

इनकार कर दिया। नाना साहब को अनेक मुकदमों में भी फंसाया गया। नाना साहब अपना अधिकार लेने के लिए दृढ़संकल्प थे। उनके मामले की पैरवी के लिए अजीमुल्लाह खां, जो बाद में नाना के राजनीतिक सलाहकार भी बने, इंग्लैंड गए। वहां कोई सुनवाई नहीं होने पर वह कानपुर लौटे। मंगल पाण्डे तब क्रांति की पहली गोली दागकर अंगरेजों के अन्यायी शासन की ओर और उसके प्रति विद्रोह की संभावना की ओर ध्यान आकृष्ट करा चुके थे।

नाना साहब ने पूरे देश में घूम-घूमकर क्रांति की अलख जगाई। उन्होंने कानपुर, मेरठ, दिल्ली, सतारा और झांसी की यात्रा की। मेरठ में वक्त से पहले क्रांति का विस्फोट हो गया। वहां से यह लहर दिल्ली होते हुए कानपुर पहुंची। नाना ने कानपुर जीत लिया। सती चौरा कांड में अंगरेजों का सेनापति ह्वीलर मारा गया था।

30 जून को नाना सिंहासनारूढ़ हुए। उन्होंने हर तरह से योग्य साथी तात्या टोपे को शासन भार सौंप दिया। भाई बाला और अजीमुल्लाह खां को कानपुर का कलक्टर बनाया। नाना का प्रभाव दूर-दूर तक था लेकिन अंगरेज हारकर चुप नहीं बैठे। फतेहपुर के पास कर्नल नील ने नाना साहब की सेना को हराया। वहां से नाना साहब बिठूर गए। बिठूर में भी अंगरेजी सेना आती देख नाना फतेहपुर (उन्नाव) गए। उधर तात्या टोपे ने 10 अगस्त को बिठूर पर हमला करके हैवलॉक को हराया और बिठूर पर कब्जा किया लेकिन हैवलॉक के जवाबी हमले में हार गए। 19 फरवरी 1858 को नाना गंगा पार कर शिवराजपुर आए। नाना साहब का महत्त्व इस बात से ही समझा जा सकता है कि अंगरेजों ने नाना साहब पर एक लाख रुपये का ईनाम घोषित किया था।

गंगा पार कर अवध में आने के बाद नाना साहब ने अवध में घूम-घूमकर क्रांति का प्रचार किया, रणनीति बनाई और अनेक लड़ाइयों में हिस्सा लिया। शाहजहांपुर में, जहां मौलवी अहमदुल्लाह शाह ने अंतिम युद्ध किया था, नाना साहब खुद नहीं पहुंच सके थे लेकिन वहां उन्होंने अपनी फौज भेजी थी।

इसके बाद आजादी की लड़ाई घाघरा पार गोंडा-बहराइच में केन्द्रित हो गई जहां बेगम हज़रत महल बौंडी से शासन की कमान अपने हाथ में लिए थीं। नाना साहब बौंडी पहुंच गए और वहां पर अपनी सक्रिय भूमिका निभाते

हुए वह भी बाद में नेपाल चले गए। नाना साहब के धोखे में कई लोग फांसी पर चढ़ाए गए मगर बाद में पता चला कि नाना साहब तो मृत्यु–पर्यन्त आजाद ही रहे। उनकी मृत्यु कैसे हुई, इस बारे में कई किंवदन्तियां प्रचलित हैं। नाना साहब के लखनऊ आने पर बेगम हज़रत महल की ओर से उनका उसी तरह से स्वागत किया गया था जैसा किसी राज्याध्यक्ष का होता है।

मौलवी अहमदुल्लाह शाह

'मौलवी अहमदुल्लाह शाह अदम्य साहसी और कठोर दृढ़ संकल्प वाले व्यक्ति थे। वह विद्रोहियों में सर्वश्रेष्ठ थे।'

–जनरल सर थामसन सीटन

'कुछ ही दिन बाद शूरवीर देशभक्त और भारतीय स्वतंत्रता के धर्मयोद्धा अहमदुल्लाह शाह लखनऊ आए। उन्होंने विशाल जनसभाओं को सम्बोधित किया और दमन करने वालों के खिलाफ उठ खड़े होने का आह्वान किया। अहमदुल्लाह शाह ने उत्तर भारत का दौरा 1856 के मध्य में शुरू किया था। वह मुख्य रूप से लोगों को उपदेश देने और मुख्य रूप से उन विदेशी शासकों के खिलाफ उन्हें मशविरा देने के काम के काम में जुटे थे जो जनता का वर्षों से शोषण और दमन कर रहे थे। वह व्यापक दृष्टि और उदार नजरिये वाले व्यक्ति थे। उनमें एक संगठनकर्ता और आंदोलनकर्ता, दोनों के गुण मौजूद थे। वह विद्वान थे, उनका रहन-सहन सादा था। अपने सिद्धांतों पर वह अडिग और संकल्प पर दृढ़ रहने वाले व्यक्ति थे। उन्होंने अपने ज्ञान, अपनी कलम और अपनी वक्तृता, सबको देश की सेवा में लगा दिया। हालांकि वह लगातार एक

जगह से दूसरी जगह जाया करते थे लेकिन ब्रिटिश सरकार के खिलाफ किताबें और परचे लिखने का समय निकाल लेते थे। ये किताबें और परचे गुप्त रूप से छापे और बांटे जाते थे। कुछ ही महीनों में वह इतने लोकप्रिय हो गए कि उनकी सभाओं में इतनी भीड़ जुटने लगी जितनी पहले कभी किसी ने देखी न थी।'

—एम.आर. गबिन्स

मौलवी अहमदुल्लाह शाह 1856 में लखनऊ आए थे। उन्होंने कंपनी रूल के खिलाफ जेहाद का नारा दिया। वह ग्वालियर के संत मेहराब शाह के शिष्य थे और अरबी और फारसी के विद्वान थे। वह इंग्लैंड भी गए थे, वहां के बारे में अधिकारपूर्वक बात करते थे और अंगरेजी भाषा के भी जानकार थे। उन्होंने फकीर के वेश में आगरा और पश्चिमी उत्तर प्रदेश के अनेक स्थानों पर अंगरेजों के खिलाफ जेहाद का प्रचार किया[1]। अवध के अपहरण के बाद फैजाबाद गए। हनुमान गढ़ी में उपद्रव के दौरान मरे मौलवी आमिर अली की मौत का बदला लेने के लिए लोगों को संगठित किया। गिरफ्तार किए गए, जेल में बंद किए गए। फैजाबाद में विद्रोह होने पर जेल से विद्रोहियों ने न केवल छुड़ाया बल्कि 11 तोपों की सलामी भी दी। मौलवी ने चिनहट की लड़ाई में भी हिस्सा लिया था। अंगरेजी राज के खात्मे की उनकी भविष्यवाणी पर सबको भरोसा था। लखनऊ की बेगमों को भी उनके काम की खबर मिलती रहती थी जिसकी चर्चा वे वाजिद अली शाह के साथ गई बेगमों से गाहे-बगाहे करती थीं।[2] लखनऊ हारने के बाद उन्होंने पश्चिमी अवध में

1. सर सीटन ने कहा है—'मेरे विचार से इसमें कोई संदेह नहीं कि यह व्यक्ति (अहमदुल्लाह शाह) ही पूरे षड्यंत्र (आजादी की लड़ाई) का दिमाग और हाथ था।' सीटन तो चपाती और कमल बांटने की योजना में भी मौलवी का ही हाथ देखता था।
2. 'सुना है एक सूफी अहमदुल्लाह शाह आए हुए हैं। नवाब चीनाटीन के साहबजादे कहलाते हैं। आगरे से आए हैं। ये भी सुना है कि उनके हजारहा मुरीद हैं और वो पालकी में निकलते हैं। आगे डंका बजता होता है, पीछे अजदहां बड़ा होता है' (जाने आलम को लिखा शैदा बेगम का खत)। '... यों समझिए कि फैजाबाद से आकर मौलवी अहमदुल्लाह शाह ने लूट-मार कम की है और जगह-जगह अपने चौकीदार पहरे पर बैठा दिए हैं... मौलवी अहमदुल्लाह शाह ने बड़ी बहादुरी की। बेलीगारद फाटक तक पहुंच गए मगर कोई और साथी उनके साथ न था। बेचारे जख्मी होकर लौट आए।' (जाने जां बेगम को लिखा सरफराज बेगम का ख़त) 'अब यहां फिरंगियों का मुकाबला मौलवी अहमदुल्लाह शाह से हो रहा है। देखिए! क्या अंजाम हो।' (बेगम के लखनऊ छोड़ने के बाद सरफराज बेगम का अख्तर महल को ख़त)

लड़ाई जारी रखी और पुवायां के राजा के विश्वासघात के कारण मारे गए। मौलवी की लोकप्रियता और काबिलियत से जलने वाले षड्यंत्रकारी उनके खिलाफ बेगम के कान भरा करते थे। लेकिन मौलवी इन सब क्षुद्रताओं को नजरंदाज करते हुए जिंदगी भर अवध की स्वतंत्रता के लिए पूरी ताकत से लड़ते रहे और जब कभी लड़ाके पराजय से निराश होते थे, वह उनमें फिर से जोश भरकर दुगनी ताकत से अंगरेजों पर हमला करते थे। अंतिम दिनों में हालांकि विश्वासघातियों के कारण उनकी हर योजना अंगरेजों को पता चल जाने के कारण नाकाम कर दी जाती थी लेकिन उन्होंने हिम्मत नहीं हारी। वह आजादी की लौ जगाए रहे और अवध और रुहेलखण्ड की सीमा पर नए लोगों को इस लड़ाई में शामिल करने के प्रयासों में ही उनकी जान गई। उनकी संगठन क्षमता उनकी जोशीली वक्तृता और युद्ध की रणनीति बनाने की अद्‌भुत कुशलता की सराहना उन अंगरेजों ने भी की है जिन्हें अवध की सरजमीं से उखाड़ फेंकने के लिए उन्होंने अपनी जान तक की परवाह नहीं की। मौलवी अहमदुल्लाह शाह लगातार अंगरेजों से लोहा लेते रहे। 30 जून को हुई चिनहट की लड़ाई में–जिसमें अंगरेज बुरी तरह हारे थे–उन्होंने महत्त्वपूर्ण भूमिका निभाई थी। 2 जुलाई को उन्होंने 300 लोगों को साथ लेकर बेलीगारद पर सामने से हमला किया। 25 सितम्बर तक वह प्रशासन से अलग रहकर क्रांति की अलख जगाते रहे। 14 नवम्बर को उन्होंने लॉ-मार्टिनियर पर मोर्चा संभाला,16 नवम्बर को नवाब मुबारिजुद्दौला के घर पर हमला किया गया।

23 सितम्बर को जब अंगरेज सेना आलमबाग पहुंची, मौलवी ने तुरंत घोषणा जारी की, 'अगर दुश्मन कामयाब हुआ तो वह पूरी तरह तबाह कर देगा। दिल्ली में अपनी जीत के बाद फिरंगी काफिरों ने एक भी आदमजात को जिंदा नहीं छोड़ा, बच्चों, कमजोरों और बूढ़ों तक को तलवारों से काट डाला। याद रखो! अगर दुश्मन शहर में आ जाता है तो तुम्हारा भी वही हस्र होगा। तुम्हारे बच्चे जिबह किए जाएंगे, तुम्हारी औरतें बेइज्जत की जाएंगी।'

6 मार्च 1858 की रात उन्होंने लड़ाकों में जोश भरा कि यह तुम्हारी हार नहीं है। यह तो विश्वासघातियों के कारण हुआ। अब उठो और फिर से दुश्मन पर छा जाओ। उन्होंने जनरल बख्त को मोर्चा संभालने को कहा

लेकिन षड्यंत्रकारियों ने बेगम के कान भरे कि अगर इस मौके पर मौलवी जीते तो अवध का राज्य वह हथिया लेंगे। बेगम बातों में आ गईं और उत्तरी पुल से उन्होंने अपने सैनिक वापस बुला लिए। अगले दिन मौलवी अपने मोर्चे पर डट गए लेकिन इस तरह के षड्यंत्रों और विश्वासघातों को दिल्ली में देख चुके बख्त खान वापस लौट गए।

शाहजहांपुर में मौलवी के सिपाहियों और अंगरेज फौजों के बीच जबर्दस्त लड़ाई हुई थी। मौलवी की लोकप्रियता और उनकी संगठन क्षमता से अंगरेज चकित थे। मौलवी की सेना के पास साधन न थे लेकिन सभी तरह के लोग उनके साथ थे, यहां तक कि दिल्ली के शहजादे फीरोज शाह और बेगम की फौजें भी उनसे आ मिलीं। नाना साहब खुद नहीं आए लेकिन उनके कई आदमी इस लड़ाई में शामिल हुए। 14 मई तक ये सभी उनकी सेना में शामिल हो चुके थे। 15 को उन्होंने जोरदार हमला किया लेकिन युद्ध लड़ने के लिए सिर्फ मनोबल और जनशक्ति ही नहीं, हथियार और तोपें भी जरूरी होती हैं। मौलवी के पास कमी थी तो सिर्फ हथियारों की और अंगरेजों के पास ये सब इफरात में थे। तब तक कैम्पबेल भी अपने फौज-फाटे के साथ शाहजहांपुर पहुंच गया। मौलवी साहब ने शानदार लड़ाई लड़ी और बहुत अच्छी रणनीति के कारण दुश्मन को जबर्दस्त नुकसान पहुंचाया। उनकी रणनीति का लोहा अंगरेजों ने भी माना। अंगरेजों का जबर्दस्त मुकाबला करते हुए वह आगे की रणनीति बनाने और कुछ करने की गरज से पीछे हटे। वह सेना को नए सिरे से संगठित करने के उद्देश्य से पुवायां (शाहजहांपुर) के राजा से मिले जिसने विश्वासघात कर उनकी हत्या कर दी।

मौलवी अहमदुल्लाह शाह की मृत्यु भारतीय सेना के लिए बहुत बड़ा नुकसान थी। उनकी संगठन क्षमता और सैन्य संचालन अद्भुत था। उन्हें देखते ही हिन्दुस्तानी सेनानी अपनी जीत के प्रति आश्वस्त हो जाते थे।

राणा वेणीमाधव

राणा वेणीमाधव अवध के ऐसे क्रांतिनायक थे जिनकी बहादुरी और रणकौशल की छाप बैसवाड़े के चप्पे-चप्पे पर है। इसका प्रमाण उनकी वीरगाथा को विषय बनाकर गाए जानेवाले लोकगीत, आल्हा आदि हैं। वह शंकरपुर (रायबरेली) के प्रभावशाली और लोकप्रिय तालुकदार थे और अन्याय के विरुद्ध डट जाना उनका स्वभाव था। उनके अधीन 269 गांव थे और उनके पास 12 तोपें थीं। उनका किला बहुत विशाल था और गहरी खाई तथा उसके बाद आठ मील

तक जंगलों के विस्तार द्वारा सुरक्षित था। उनके पास 12 हजार पैदल सिपाही और 1200 घुड़सवार थे।

राणा ने 1857 में एक साथ कितने मोर्चे संभाले, इसकी कोई गिनती नहीं है। आमने–सामने की लड़ाई में अपनी चमक दिखानेवाले राणा छापामार युद्ध के कुशल योद्धा थे। उन्होंने सभी तालुकदारों में स्वतंत्रता की लौ जगाकर बैसवाड़े में तूफान ला दिया। लखनऊ की घेरेबन्दी में भी उन्होंने महत्त्वपूर्ण भूमिका निभाई। उनके पास बिरजीस कद्र का पत्र पहुंचा कि वह बैसवाड़े में 'गौहरों, शाही नौकरों, तालुकदारों आदि की फौज इकट्ठा करें और उन्हें तैयार रखें।' बिरजीस कद्र के इस शाही परवाने के आदेशानुसार उन्होंने लगभग दस हजार पैदल सिपाहियों, घुड़सवारों और बैसवाड़े के तालुकदारों की एक फौज इकट्ठा की। (राणा वेणीमाधव ने पेशवा राव साहब को लिखे एक पत्र में यह बताया था। इस पत्र पर कोई तारीख तो नहीं है लेकिन सम्भवतः यह अप्रैल 1858 में लिखा गया होगा क्योंकि इसमें आगे यह भी लिखा है कि राजधानी में हम लड़ाई हार गए हैं और पूरा शहर खाली हो गया है। बादशाह लखनऊ छोड़ गए हैं और बहराइच पहुंच गए हैं।) वेणीमाधव के सैनिक उनके प्रति पूरी तरह निष्ठावान थे और मरते दम तक लड़ने को तैयार थे।

जून 1858 में राणा उन्नाव में दिखे लखनऊ–कानपुर रोड पर। उन्होंने अंगरेजों की कई चौकियां उजाड़ दीं, कई सैनिक टुकड़ियों पर हमला किया और कई विश्वासघातियों को सजा दी। लखनऊ में राणा के नाम से पर्चे बंटे कि निराश न हो, हम लोग जल्दी ही लखनऊ पर हमला कर उसे आजाद कराएंगे।

उनके किसान उनके लिए जान दे सकते थे। उन्हें अपने किसानों पर कितना भरोसा था और यह भरोसा कितना सच्चा था, इसका एक उदाहरण स्लीमैन और राणा वेणीमाधव की बातचीत में देखा जा सकता है :

मैंने वेणीमाधव से पूछा, ...यदि आप सरकार के खिलाफ हथियार उठाएंगे तो क्या वे (असामी) आपके साथ आएंगे?

उन्होंने कहा, 'निश्चय ही, वे सब मेरे साथ आएंगे।'

'अगर लड़ाई में किसी की मृत्यु हो गई तो क्या आप उसके परिवार की जिम्मेदारी उठाएंगे?'

'उनका भरण-पोषण हमेशा किया जाता है। उनकी यथासंभव ज्यादा से ज्यादा मदद की जाती है।'

अगस्त 1858 में जब ब्रिटिश फौजें सुल्तानपुर और फैजाबाद पहुंचीं तो उनको मुंहतोड़ जवाब देने के लिए राणा वेणीमाधव ने अपने सैनिकों को प्रतापगढ़ और सुल्तानपुर की ओर इकट्ठा करना शुरू किया। फोरसिथ का अनुमान था कि 'वेणीमाधव के पास विशाल फौज है जिसमें 25 हजार लोग हैं और 28 तोपें हैं। उनकी फौज पूरे सलोन में बिखरी है और वह लगातार आगे बढ़ रहे हैं।' फोरसिथ के ही अनुसार राणा एक पल में ही कहीं से कहीं पहुंच जाते हैं इसलिए बड़े रणनीतिक ढंग से उन्होंने अपनी फौज को फैला रखा है। जुलाई में उन्होंने अपनी पांच तोपें रामबख्श के पास छोड़ दीं और पांच पूरे बैसवारा में फैली हैं। अन्य सात तोपें लेकर वह रायबरेली की ओर बढ़े, फिर अपनी योजना में परिवर्तन किया और शंकरपुर में अपने किले से होकर सलोन की ओर चले गए।

राणा के अनुयायी इतने उत्साही थे कि कभी-कभी उनके बिना भी अंगरेजों से जूझ जाते थे। वे जबरौली में अंगरेज फौज से राणा के बिना ही भिड़ गए थे। (शंकरजंग पल्टन के सालार का राणा को लिखा पत्र-25.11.1858)। राणा ने पुरवा के पास लेफ्टिनेंट चैंबरलेन और मेजर बुलवर के खिलाफ मोर्चा लिया था। उनके पास उस समय दस हजार आदमी थे। उन्होंने मुक्तियुद्ध की शुरुआत से ही इसमें पूरी सक्रियता से भाग लिया था। लखनऊ की घेरेबन्दी में भी वह लड़े थे। बेलीगारद पर हमला बोलने वालों में भी वह अग्रिम पंक्ति में थे। वेणीमाधव को कम्पनी ने बिना शर्त माफ करने का प्रस्ताव भेजा था जिसमें यह भी शामिल था कि उनको उनके पुराने सभी अधिकार वापस मिल जाएंगे पर इस आत्मसम्मानी योद्धा ने यह प्रस्ताव ठुकराकर लड़ाई जारी रखी। पुरवा के अतिरिक्त सेमरी और भीरा की उनकी लड़ाइयां भी प्रसिद्ध हैं जिनमें उन्होंने अंगरेजी फौजों के छक्के छुड़ा दिए थे।

जब लॉर्ड क्लाइड को लगा कि उनके जाए बिना राणा का कब्जे में आना

असंभव है, तब वह बड़ी फौज लेकर अमेठी से शंकरपुर की ओर चले। राणा से फिर कहा गया कि आत्मसमर्पण कर दो तो माफ कर दिए जाओगे। राजा तिलोई ने भी समझाया। वेणीमाधव ने दो टूक जवाब दिया कि मेरी निष्ठा बिरजीस कद्र के प्रति है और किसी भी फायदे के लालच में मैं उन्हें नहीं छोड़ूंगा। लॉर्ड क्लाइड की फौजों ने चारों ओर से शंकरपुर के उनके किले को घेर लिया। एक ओर तो लॉर्ड क्लाइड स्वयं थे, दूसरी ओर होपग्रांट जैसा प्रखर सेनापति लेकिन राणा इनकी आंखों में धूल झोंककर 15 हजार लोगों की फौज, साजो-सामान, अपने परिवार के साथ निकल गए। जब किले के अन्दर अंगरेजों की फौज पहुंची तो वहां कोई न था। राणा का किला खिसियाहट में तहस-नहस कर दिया गया। रसेल ने घटना का बड़ा जीवंत वर्णन किया है। रसेल अपनी डायरी में लिखता है, '...कुछ कमजोर बूढ़ों-पुजारियों, मैले-कुचैले फकीरों और एक पागल हाथी के अलावा वहां कोई न था। न आदमी, न आदमजात!'

वेणीमाधव को खोजते-खोजते अंगरेज फौज परेशान हो गई। राणा को पकड़ पाना उनके लिए टेढ़ी खीर था। जगदीशपुर, बछरांवां, डौंडियाखेड़ा आदि जगहों पर अंगरेजों ने उन्हें देखा लेकिन उनका बाल भी बांका न कर सके। लोकमानस में राणा द्वारा अंगरेजों को यों छकाए जाने की स्मृतियों की गहरी छाप है। लॉर्ड क्लाइड, होपग्रांट, इवले और हार्सफोर्ड के नेतृत्व में चार टुकड़ियां सात दिनों तक उनकी तलाश में पूरे बैसवाड़े में धूल फांकती रहीं लेकिन राणा उनकी पकड़ में आनेवाले कहां थे! रसेल लिखता है, 'हमें 'निश्चित' खुफिया खबर मिली है कि वह एक ही दिन के एक ही घंटे में सभी दिशाओं में होता है और हमारे पास इतनी ज्यादा टुकड़ियां तो हैं नहीं कि 31 टुकड़ियां सिर्फ इन रिपोर्टों की पुष्टि करने पर लगा दी जाएं।' (म्यूटिनी डायरी, पृ. 231)

माना जाता है कि ब्रिटिश फौजों द्वारा घेरे जाने पर वेणीमाधव पहले रायबरेली की ओर गए। फिर वहां से वापस पलटकर दक्षिण-पश्चिम में अंगरेज फौजों को परेशान किया। उनकी ताकत को देखकर अंगरेजों को लगता था मानो बैसवाड़ा के देहातों में विद्रोही ही विद्रोही हैं। राणा ने बेरा में

17 नवम्बर को इवले पर हमला किया। 24 नवम्बर को डौंडियाखेड़ा में आमने-सामने की लड़ाई हुई। राणा हारे तो लेकिन अंगरेजों के हाथ नहीं आए। ब्रिटिश फौजें लगातार उनके पीछे लगी रहीं। 4 दिसम्बर को वह घाघरा पार कर बेगम के पास पहुंच गए। अब भी पांच हजार से ज्यादा समर्पित सेनानी उनके साथ थे।

बौंडी में बेगम के साथ भावी रणनीति की चर्चाओं में उनकी भी भागीदारी थी। बौंडी पर अंगरेज फौज के हमले के बाद बेगम के साथ नेपाल जाने वालों में राणा वेणीमाधव भी थे।

नेपाल के जंगलों में उनके सामने एक बार फिर आत्मसमर्पण करने का प्रस्ताव रखा गया जिससे इनकार करने पर गुरखा सिपाहियों ने उन पर आक्रमण कर दिया। बहुत बहादुरी के साथ युद्ध करते हुए इस महान सेनानी ने अपने प्राण देश की वेदी पर न्यौछावर कर दिए हालांकि लोकमानस ने उनकी मृत्यु पर विश्वास नहीं किया। राणा वेणीमाधव पर रचा गया प्रभूत लोक साहित्य (उदाहरण के लिए देखें परिशिष्ट) इस बात का प्रतीक है कि लोकमानस में इस वीर योद्धा की स्मृति अमिट है।

राजा देवी बख्श सिंह

गोंडा के राजा देवी बख्श सिंह ने इस मुक्ति संग्राम में शुरू से अंत तक अत्यंत महत्त्वपूर्ण भूमिका निभाई। उनके पास लगभग दस हजार लोगों की फौज थी जिसमें लगभग 500 सिपाही, 500 घुड़सवार तथा दस तोपें थीं। उन्होंने जब फैजाबाद में नेपाली सेना पर हमला किया, उस समय उनकी सेना में 20 हजार लड़ाके, सौ सिपाही और तीन तोपें थीं।

जब बेगम बौंडी में रहकर शासन चला रही थीं, उस समय राजा देवी

बख्श सिंह न सिर्फ उनको पूरी मदद और समर्थन दे रहे थे बल्कि बेगम की सुरक्षा का इंतजाम भी वही देख रहे थे। उनकी रियासत इतनी बड़ी थी कि उसमें लगभग साढ़े चार हजार गांव थे। अपनी प्रजा में वह अत्यंत लोकप्रिय थे। हिन्दू-मुसलमान सभी उन पर अपने प्राण न्योछावर करने को तैयार थे। उनके सिंह द्वार पर मोहर्रम के आखिरी दिन (अशारे के दिन) ताजियों का सम्मान किए जाने की परम्परा थी। ध्वस्त गढ़ी के टूटे सिंह द्वार पर ताजिये थोड़ी देर के लिए आज भी रोके जाते हैं।

राजा देवी बख्श बहुत बलिष्ठ थे और अत्यंत आकर्षक व्यक्तित्व के स्वामी थे। उनकी घुड़सवारी और बहादुरी के चमत्कारपूर्ण किस्से मशहूर हैं।

बौंडी गढ़ को जब अंगरेजों ने जीत लिया तो गोंडा होते हुए हिन्दुस्तानी लड़ाके नेपाल की ओर जाने लगे। अंगरेज फौजों ने उनका पीछा किया। उस समय राजा देवी बख्श सिंह ने मोर्चा संभालकर इस फौज को रोके रखां। गोंडा बहराइच के तीन तरफ से अंगरेजों से घिर जाने पर भी 25 नवम्बर 1858 को राजा देवी बख्श और मेंहदी हसन ने एक बड़ी फौज के साथ होपग्रांट की फौज पर हमला किया। अंगरेजों से जमकर लड़े। बेगम के साथ नेपाल जानेवालों में राजा देवी बख्श सिंह भी थे।

राजा बलभद्र सिंह

हटा जनाना साहगंज का, लौंडा हटा मिठौली क्यार
अड़िगा राजा चहलारी का, बंकी बिखम बजी तलवार

महज 33 गांवों वाली जमींदारी चहलारी के एक साधारण जमींदार केवल 18 वर्ष के बलभद्र सिंह ने चहलारी से बाराबंकी आकर नवाबगंज में जिस बहादुरी से अंगरेजों को टक्कर दी, वह 1857 के मुक्ति संग्राम के इतिहास में बेमिसाल है। उनकी वीरता की गाथाएं लोकगीतों, आल्हा आदि के रूप में आज भी अवध के लोगों की जबान पर हैं। साधारण जमींदारी का मालिक यह नवयुवक अपनी वीरता के कारण चहलारी से बाराबंकी तक के इलाके के लोगों के दिलों पर अब तक राज कर रहा है और राजा कहलाता है। उसकी बहादुरी की तारीफ करने पर दुश्मन भी विवश हुआ। सर होपग्रांट ने लिखा, 'मैंने भारत में अनेक लड़ाइयां देखी हैं। ऐसे तमाम बहादुर देखे हैं जो जीतने अथवा मृत्यु का वरण करने के दृढ़ संकल्प के साथ मैदान में उतरते हैं लेकिन मैंने आज तक जमींदारी के इन लोगों के जैसा शानदार आचरण पहले कभी

नहीं देखा... । इनका नेतृत्व एक लंबा-तगड़ा आदमी कर रहा था।* उसे कोई भय झुका नहीं पाया।' जो लोग यह कहते हैं कि 1857 का संग्राम केवल अपनी रियासतों के लिए हुआ, वे देखें कि कहां चहलारी और कहां नवाबगंज, फिर बलभद्र सिंह ने किसके लिए ऐसी बहादुरी दिखाई जिसकेआगे शत्रु भी नतमस्तक हुआ। नवाबगंज के युद्ध में बौंडी और चर्दा के राजा भी लड़े थे। सब ओर से घिर जाने के बाद वे पराजय निश्चित जानकर रणक्षेत्र छोड़ गए लेकिन युवा बलभद्र न सिर्फ मैदान में डटा रहा बल्कि अतुलनीय पराक्रम का प्रदर्शन कर इतिहास में अमर हो गया। बलभद्र सिंह अनेक लोकगीतों के नायक बने। ऐसे कुछ लोकगीत परिशिष्ट चार में दिए गए हैं।

---

* राजा बलभद्र सिंह

राजा नरपत सिंह

हरदोई जिले में बिलग्राम से दस मील दूर स्थित रुइया के तालुकदार राजा नरपत सिंह का नाम भी 1857 के स्वतंत्रता सेनानियों में प्रमुख है। उनकी सेना में दो हजार लोग थे तथा छह तोपें थीं। नरपत सिंह अंगरेजों से मिले जमींदारों पर भी हमले कर उन्हें अंगरेजों का साथ देने की सजा देते थे। उन्होंने अंगरेजों के पिट्‌ठू गंज मुरादाबाद (उन्नाव) के जमींदारों पर भी आक्रमण किया था। कर्नल एगिमन होप ने नरपत सिंह को सबक सिखाने के लिए रुइया में उनकी गढ़ी पर आक्रमण किया। चारों ओर से गढ़ी घेर ली। दोनों ओर से गोलाबारी शुरू हो गई। इस लड़ाई में गढ़ी से चली एक गोली से कर्नल होप की मृत्यु हो गई। अंगरेज फौज वापस हो गई। दूसरी बार फिर अंगरेज सेना भेजी गई। इस बार शुरुआत में कड़ी टक्कर देने के बाद नरपत सिंह अपनी सेना लेकर किला खाली कर गए इस संकल्प के साथ ताकि बाद में तैयारी के साथ अंगरेजों को मजा चखाया जा सके। जून के अंत तक नरपत सिंह फिर रुइया लौट आए।

फोरसिथ ने एडमिंस्टन को 3 जुलाई, 1858 के अपने पत्र में लिखा कि

'नरपत सिंह ने अपने किले की मरम्मत कर अपनी सेना को सुव्यवस्थित कर लिया है और अब और बड़े पैमाने पर उन्होंने अपनी गतिविधियां शुरू कर दीं हैं। उन्होंने सण्डीला पर हमला किया। इस समय वह उस क्षेत्र में स्वतंत्रता सेनानियों के नेता माने जाने लगे हैं।' उनकी बहादुरी, रणकौशल और आजादी के प्रति दीवानगी के कारण अंगरेज उनको 'शांति' के रास्ते की बाधा मानते थे। फोरसिथ ने इसी पत्र में यह भी लिखा कि नरपत सिंह हमारे अधीन रहने की इच्छा रखने वाले जमीदारों को डराते-धमकाते हैं।

नरपत सिंह ने फीरोज शाह और मौलवी अहमदुल्लाह शाह के साथ कानपुर मार्ग पहुंचकर उस पूरे इलाके को फतह कर लिया था। फीरोज शाह के साथ वह 9 नवम्बर 1858 को मिनौली में अंगरेज फौजों से डटकर लड़े थे। पराजय के बाद वे शाहाबाद के जंगलों में जा छिपे। वहां से वह घाघरा पार कर बेगम हजरत महल के पास बौंडी चले गए। घाघरा पार के अनेक युद्धों में उन्होंने हिस्सा लिया। बौंडी में आगे की रणनीति तय करने के लिए हुई बैठकों में भी राजा नरपत सिंह शामिल थे। बाद में अंगरेजों द्वारा बौंडी पर हमला किए जाने की आशंका से जब बेगम ने नेपाल की सीमा पार की तो उनके साथ जाने वाले उनके अनेक साथियों में नरपत सिंह भी थे।

राजा राव रामबख्श सिंह

उन्नाव में डौंडियाखेड़ा के तालुकदार राजा राव रामबख्श सिंह 1857 की लड़ाई में बैसवाड़े का नाम अमर करने वाले नायकों में थे। उन्नाव में मुक्ति संग्राम का नेतृत्व राव रामबख्श के हाथों में था। 1857 में सबसे बाद तक लड़ाई उन्नाव में ही लड़ी गई।

राव रामबख्श सिंह बहुत संतुलित दिमाग के, संयमी, धर्मपरायण व्यक्ति थे। अनेक तालुकदारों को उन्होंने मुक्ति संग्राम में भाग लेने के लिए प्रेरित किया। जबरौली के चौधरी रघुनाथ सिंह राणा वेणीमाधव से शत्रुता मानते थे किन्तु राव रामबख्श सिंह की मध्यस्थता से न सिर्फ यह मनमुटाव खत्म हुआ बल्कि रघुनाथ सिंह वेणीमाधव के समर्थन में अंगरेजों से वीरता पूर्वक लड़े भी।

बैसवाड़े में राणा वेणीमाधव और राव रामबख्श के रहते अवध के मुक्ति संग्राम का दमन करना असंभव था इसलिए अंगरेज फौजों ने अपना ध्यान इन दोनों पर केन्द्रित किया। डौंडियाखेड़ा और बरदर में अंगरेजों ने अपनी पूरी ताकत झोंक दी, राव रामबख्श सिंह पर आठ हजार रुपये के पुरस्कार की भी

घोषणा की लेकिन कौन उनका पता बताता! सेमरी के युद्ध में राणा वेणीमाधव के साथ राव रामबख्श की सेना भी लड़ी थी।

31 मार्च, 1858 के एक दस्तावेज के अनुसार पूरी भगवंतनगर तहसील राव रामबख्श के हाथों में थी। वहां का पूरा लगान उन्होंने ही वसूल किया था। उन्हें अन्य बैस तालुकदारों का भी समर्थन प्राप्त था।

अवध की पराजय के बाद राव रामबख्श बनारस में अज्ञातवास करने लगे। वहीं उनके नौकर चंदी ने, जिस पर वह बहुत विश्वास करते थे, विश्वासघात करके उन्हें गिरफ्तार करा दिया। अंगरेजों ने उन्हें माफी मांगने पर उनकी रियासत उन्हें लौटाने का प्रलोभन दिया किंतु रामबख्श उस मिट्टी के बने न थे। उन्हें बक्सर लाकर 8 जून, 1861 को फांसी पर लटका दिया गया।

राजा लोने सिंह

सीतापुर में राजा लोने सिंह के पास काफी विस्तृत इलाका था लेकिन अंगरेजों ने उसका काफी हिस्सा दूसरे राजाओं को देकर इनके साथ नाइंसाफी की थी। राजा लोने सिंह ने जनता के हित में तमाम काम किए थे और इसीलिए काफी लोकप्रिय थे। उन्होंने गोला गोकरण नाथ में एक धर्मशाला बनवाई थी। उनके द्वारा बनवाए गए बर्दाश्तखाने में गरीबों को भोजन तथा जाड़ों में कंबल आदि बांटा जाता था। जमुवानी नाले पर उन्होंने एक पुल भी बनवाया। यह मूलनपुर और वैल के बीच है। मितौली के उनके किले में 12 हजार लोग हर वक्त लड़ाई के लिए तैयार रहते थे। उनके पास 22 तोपें थीं। लोने सिंह ने अनेक युद्ध लड़े और बिरजीस कद्र के सिंहासनारूढ़ होने का स्वागत करते हुए उन्हें तोपों की सलामी भी दी थी।

राजा लोने सिंह की मितौली स्वतंत्रता सेनानियों का केन्द्र बन गई थी लेकिन वह लखनऊ के दरबार से मिलने वाले हुक्मनामों को जिन्हें वह उचित नहीं मानते थे, अक्सर अनदेखा कर देते थे। उन्होंने कंपनी की नीतियों के विरोध में विद्रोह किया था लेकिन वह अंगरेजों से नफरत नहीं करते थे।

शरणागत की रक्षा करने के धर्म का पालन वह इतनी उत्कटता के साथ करते थे कि अपनी शरण में आए दो अंगरेजों कैप्टन ओर और जैक्सन को जब लखनऊ दरबार ने उन्हें लखनऊ में हाजिर करने का आदेश दिया तो लोने सिंह ने इस आदेश को नहीं माना। बहुत बाद में और बहुत मजबूर होकर ही उन्होंने इन अंगरेजों को वापस किया। सरदार खन्ना सिंह राजा लोने सिंह के ही सेनापति थे जो बेगम हजरत महल की मदद के लिए एक बड़ी फौज लेकर लखनऊ गए थे और वहीं शहीद हुए।

लखनऊ पर कब्जा हो जाने के बाद आगे की रणनीति तय करने के लिए बेगम हजरत महल, बिरजीस कद्र, रुइया के राजा नरपत सिंह, गुलाब सिंह, नजीबाबाद के फीरोजशाह आदि राजा लोने सिंह के मितौली के किले में ही इकट्ठे हुए थे। तभी अंगरेजों ने वहां हमला किया। राजा लोने सिंह ने बेगम हजरत महल और बिरजीस कद्र को बौंडी पहुंचा दिया ताकि वे वहां सुरक्षित रहें। लौटने पर उन्हें पता चला कि मितौली पर अंगरेजों का कब्ज़ा हो गया है। उनकी रियासत जब्त कर ली गई। किसी विश्वासघाती ने राजा लोने सिंह का ठिकाना अंगरेजों को बताकर उन्हें गिरफ्तार करा दिया। उनकी विशाल क्षेत्र में फैली रियासत भी जब्त कर ली गई।

मुंशी हरप्रसाद

मुंशी हरप्रसाद जिन्हें राजा भी कहा गया है, खैराबाद के चकलादार थे। उनकी देशभक्ति और रणकौशल से परेशान होकर खैराबाद डिवीजन के कमिश्नर जे. क्लार्थ ने फोरसिथ को लिखा था, 'मोहम्मदी जिला और सीतापुर जिले का उत्तरी हिस्सा इस पूरी तरह से विद्रोहियों के हाथ में है कि इन जिलों के निवासियों के साथ सामान्य संवाद जैसी भी कोई चीज असंभव है।...सेना के अलावा और कोई असर हमारे पक्ष में काम नहीं कर सकता। हरप्रसाद चकलादार के प्रभाव के कारण विद्रोही ब्रिटिश टुकड़ियों की निकटता के दबाव से पूरी तरह मुक्त हैं।'

अक्टूबर 1858 में मुंशी, हरप्रसाद ने 1200 स्वतंत्रता सेनानियों और 12 बंदूकों के साथ गोमती पार की और रास्ते में कई अन्य जमीदारों को साथ लेते हुए सण्डीला पर हमला बोल दिया। चार दिन तक सण्डीला पर उनका कब्जा रहा। (फोरसिथ का एडमिन्स्टन को 9 अक्टूबर, 1858 को लिखा पत्र)

लखनऊ पर अंगरेजों का कब्जा हो जाने के बाद बेगम जब लड़ाई आगे जारी रखने के लिए किसी सुरक्षित स्थान के लिए निकलीं, तब अंगरेजों की

पकड़ में आने से बचने के लिए वह खैराबाद में मुंशी हरप्रसाद के यहां रुकी थीं। मुंशी हरप्रसाद ने बेगम को तोपों की सलामी दिलाई और हजारों रुपये उनके सम्मान में गरीबों पर न्योछावर कर दिए।

मुंशी हरप्रसाद के साथ ही बेगम महमूदाबाद गईं जहां राजा नवाब अली खान ने उनका स्वागत किया।

रानी राजेश्वरी देवी (तुलसीपुर की रानी)

गोंडा से चालीस किलोमीटर दूर स्थित तुलसीपुर रियासत की रानी राजेश्वरी देवी की 1857 के मुक्ति संग्राम में भागीदारी अंतिम समय तक संघर्ष और अविस्मरणीय वीरता के बावजूद उपेक्षित ही रही। उनका नाम भी 1857 पर लिखी गई किताबों में नहीं मिलता। उनका उल्लेख केवल तुलसीपुर की रानी के रूप में ही हुआ है। उनका नाम जानने तक के कोई गंभीर प्रयास नहीं किए गए।

युवा रानी के पति तुलसीपुर के राजा साहब जी को कंपनी सरकार ने पहले ही गिरफ्तार कर बेलीगारद में कैद कर रखा था। लड़ाई छिड़ने पर रानी के अद्‌भुत शौर्य को देखकर उनसे आत्म समर्पण करने को कहा गया लेकिन स्वाभिमानी रानी प्रारंभ से अंत तक अंगरेजों के विरुद्ध संघर्ष करती रहीं। उनके जुझारूपन से अंगरेज फौजें त्रस्त थीं। अंततः होपग्रांट एक बड़ी सेना लेकर तुलसीपुर पहुंचा, जहां रानी ने उसे कड़ी टक्कर दी।

बेगम हज़रत महल जब दल-बल सहित तुलसीपुर, गोंडा होते हुए नेपाल जा रही थीं, उस समय बेगम का पीछा कर रही अंगरेज फौज को रानी ने

तुलसीपुर में तब तक अटकाए रखा जब तक बेगम नेपाल नहीं पहुंच गईं। इसी युद्ध में रानी ने वीरगति पाई।

रानी की मृत्यु को लेकर कुछ मतभेद भी हैं। कुछ इतिहासकार मानते हैं कि वह भी बेगम के साथ नेपाल चली गई थीं और वहीं उनकी मृत्यु हुई।

मेंहदी हसन

फर्रुखाबाद के पूर्व राजा और सुलतानपुर के प्रसिद्ध विद्रोही नेता मेंहदी हसन सुलतानपुर के नाजिम थे। दक्षिण अवध के जिलों में आजादी के दीवानों की सेना संगठित करने में उनकी महत्त्वपूर्ण भूमिका थी।

कार्निंगी ने अपनी रिपोर्ट में मेंहदी हसन के बारे में लिखा था कि वह (मेंहदी हसन) काबिल आदमी हैं। उनके पास हसनपुर (सुलतानपुर के निकट) में पर्याप्त सेना है जिसमें आठ से दस हजार तक लोग हैं। मेंहदी हसन को सुलतानपुर और फैजाबाद में सभी तालुकदारों का समर्थन प्राप्त है, रुस्तम शाह को छोड़कर। उनके पास ग्यारह तोपें भी हैं। मेंहदी हसन की फौज में मनियारपुर की सोगरा बीबी के भी 400 लोग थे और एक तोप थी। बचगोती जनजाति के 400 लोग भी उनकी सेना में शामिल थे। फरवरी 1858 में मेंहदी हसन के कुछ तालुकेदार उनका साथ छोड़कर चले गए। मेंहदी हसन ने जून 1858 तक फैजाबाद और अयोध्या को अंगरेजों से आजाद रखा। उसके बाद वह भी घाघरा पार चले गए।

अंतिम दिनों में जब दक्षिण और मध्य अवध से हटकर उत्तर-पूर्व अवध

लड़ाई का केन्द्र बना था, दुश्मन की फौजों को रोकने के लिए मेंहदी हसन 25 नवम्बर 1858 को राजा देवी सिंह के साथ फैजाबाद के निकट चौकाघाट पर निगरानी पर थे लेकिन पीछे हटना पड़ा। फिर मेंहदी हसन ने तुलसीपुर की रानी और नाना साहब के भाई बाला राव के साथ मिलकर तुलसीपुर में मोर्चा संभाला। अंगरेजों को जबर्दस्त टक्कर देकर मेंहदी हसन और बाला राव नेपाल चले गए।

जनवरी 1859 में उन्होंने लॉर्ड क्लाइड के समक्ष आत्मसमर्पण करते हुए कहा कहा कि मैं 25 साल तक अवध के नवाब की सेवा में रहा हूं। चार्ल्स बाल के अनुसार इसका अर्थ था कि स्वाभिमानी व्यक्ति के रूप में वह उस व्यक्ति के लिए लड़ने से अलग नहीं रह सकते थे जिसकी उन्होंने इतने लम्बे समय तक सेवा की थी।

लाल माधो सिंह (अमेठी)

लाल माधो सिंह अमेठी परगना के बड़े जमींदार थे। पहले उनके पास 807 गांव थे लेकिन 1264 बंदोबस्त के बाद 302 गांव ही रह गए। वह प्रारंभ से ही क्रांति के प्रति समर्पित थे। उन्होंने लखनऊ और बनी में अंगरेजों से टक्कर ली। आलमबाग युद्ध में वह बेगम की सेना के सेनापति थे। दिलकुशा और बेलीगारद के बीच उन्होंने अंगरेजी सेना का जोरदार प्रतिरोध किया। सुलतानपुर में नेपाली सेना से लड़े। लखनऊ पर फिर से अंगरेजों का कब्जा हो जाने के बाद कुछ समय तक रणनीतिक खामोशी अख्तियार की। इस बीच अपनी लड़ाकू सेना को वहां से बचकर निकल जाने का मौका देने के लिए उन्होंने अंगरेजों से समर्पण की भी पेशकश की।

लॉर्ड क्लाइड ने बैसवाड़ा के खिलाफ अपने अभियान की शुरुआत अमेठी से की थी। उन्होंने लाल माधो सिंह से समर्पण करने को कहा। बार-बार समर्पण के लिए कहे जाने पर वह बड़े नाटकीय ढंग से अंगरेजों के शिविर में गए और कहा कि मैं स्वयं तो आत्मसमर्पण कर सकता हूं लेकिन मैं अपने किले में मौजूद विद्रोही सेना के व्यवहार की गारंटी नहीं ले सकता, न ही

मैं अपने आत्मसमर्पण के बारे में उन्हें बता सकता हूं क्योंकि यदि मैं कहूंगा कि मैंने अंगरेजों के सामने समर्पण कर दिया तो वे मुझे जान से मार डालेंगे। लॉर्ड क्लाइड को लाल माधो सिंह के इस व्यवहार से बहुत निराशा हुई क्योंकि राजा ने आत्मसमर्पण तो किया लेकिन उनका किला विद्रोहियों के कब्जे में ही रहा जो समर्पण की बातचीत में बीते समय के दौरान अपनी तोपें घने जंगलों में छुपा सकते थे। अंगरेजों को भी शक हो गया था कि वह अपने साथियों को बचाने के लिए ही आत्मसमर्पण कर रहे हैं क्योंकि जब उनसे पूछा गया कि उनके किले में कितनी तोपें हैं तो उनका जवाब था कि यह तो उन्हें मालूम नहीं है। अंगरेजों को आश्वस्त करने के लिए कि वह विद्रोहियों के साथ नहीं हैं, वह कुछ दिन तो चुप बैठे और फिर लड़ाई में शामिल हो गए। उनके बारे में माना जाता था कि वह कुछ ही घंटों में दस हजार लड़ाकू इकट्ठा कर सकते थे।

बाबू कुंवर सिंह

बाबू कुंवर सिंह का जन्म शाहाबाद (बिहार) में सन् 1782 में हुआ था। कुंवर सिंह छापामार युद्ध में प्रवीण थे। 75 वर्ष की उम्र में उन्होंने बिहार से अवध और मध्य प्रदेश तक में अंगरेजों को शिकस्त दी। वह आरा, इलाहाबाद, रीवां और कालपी में भी लड़े थे। 1858 के प्रारंभ में कुंवर सिंह अवध आए। 22 मार्च को कुंवर सिंह ने आजमगढ़ में कर्नल मिलमैन का

मुकाबला कर उन्हें मैदान छोड़कर भागने को मजबूर कर दिया और इस प्रकार आजमगढ़ के दुर्ग पर कुंवर सिंह का कब्जा हो गया। वृद्ध कुंवर सिंह के नाम का अंगरेज फौजों पर इतना आतंक था कि उन पर 25 हजार रुपये का ईनाम घोषित किया गया था।

लखनऊ दरबार ने आजमगढ़ के लिए कुंवर सिंह के नाम एक फरमान भी जारी किया था (देखें के.के. दत्ता, बायोग्राफी ऑफ़ कुंवर सिंह एंड अमर सिंह)।

17 अप्रैल 1858 को कुंवर सिंह ने डगलस को हराया। वह अंगरेजों को हमेशा गफलत में रखते थे। डगलस को हराने के बाद जब वह गंगा पार कर जगदीशपुर लौट रहे थे, तब अंगरेजों की गोली उनके दाहिने हाथ पर लगी। बहादुर कुंवर सिंह ने तुरंत बाएं हाथ से अपना दाहिना हाथ काटकर जिस तरह गंगा को अर्पित किया, उसे देखकर अंगरेज सेना चकित रह गई। 22 अप्रैल को कुंवर सिंह जगदीशपुर पहुंचे। अंगरेजों ने हमला कि या। 23 को हुए भयंकर युद्ध में जगदीशपुर के सपूत सेनानी कुंवर सिंह विजयी हुए। उन्होंने स्वयं यूनियन जैक उतारा। लेकिन हाथ का घाव भरा न था। 26 अप्रैल को यह महान योद्धा वीरगति को प्राप्त हुआ। होम्स ने कुंवर सिंह के बारे में लिखा,'वह बूढ़ा राजपूत इतने सम्मान तथा वीरतापूर्वक अंगरेजों से लड़कर 26 अप्रैल 1858 को काल-कवलित हुआ।'

अमर सिंह कुंवर सिंह के छोटे भाई थे जो हर युद्ध में अपने भाई के साथ कंधे से कंधा मिलाकर लड़े। बाबू कुंवर सिंह के निधन के बाद जब अंगरेजों ने 17 अक्टूबर को जगदीशपुर को पुनः घेरा तब अमर सिंह ने बड़ी बहादुरी के साथ उनका मुकाबला किया।

तात्या टोपे

रामचंद्र पांडुरंग तात्या नाना साहब के बचपन के साथी थे।* 1857 की क्रांति में नाना की सेना का संगठन तात्या ने संभाला। तात्या छापामार युद्ध के विशेषज्ञ थे। उनकी संगठन क्षमता और युद्ध शैली की प्रशंसा शत्रु पक्ष ने भी की है। कर्नल मालसन ने लिखा, 'भारत में संकट के उस क्षण में जितने भी सैनिक नेता हुए, उनमें तात्या सर्वश्रेष्ठ थे।'

10 अगस्त को तात्या ने बिठूर पर हमला कर हैवलॉक

* कार्ल मार्क्स ने तात्या को नाना साहब का चचेरा भाई बताया है।

को हराया और बिठूर पर कब्जा किया। तात्या टोपे ने 26 अक्टूबर, 1857 को कानपुर को अंगरेजों से पुनः आजाद कराया। कानपुर, चरखारी, बिठूर और कालपी की शानदार जीतों का श्रेय भी तात्या टोपे को है। 1 जून को तात्या ने लक्ष्मीबाई और बांदा के नवाब के साथ ग्वालियर के महाराजा को हराया। 14 अगस्त को कोटरा के युद्ध में तात्या टोपे पराजित हुए। विपरीत परिस्थितियों में भी हिम्मत न हार तात्या टोपे अपनी सेना के संगठन और नई जगहों से मदद की आशा में दौरे करते रहे।

7 अप्रैल को राजा मान सिंह ने इस महान वीर को धोखे से कैद कर अंगरेजों को सौंप दिया। 18 अप्रैल को शिवपुरी में वह हंसते-हंसते फांसी पर चढ़ गए। वह कैद हुए थे लेकिन उनकी आत्मा अंत तक स्वतंत्र रही। अपने हाथ से अपने गले में फांसी का फंदा डालते हुए उन्होंने कहा, 'मैं पुराने वस्त्र त्याग कर नए वस्त्र धारण करने जा रहा हूं। मैं अमर हूं। मैंने जो कुछ किया है, अपने देश और मातृभूमि के लिए किया है।' सच है तात्या अमर है।

तात्या टोपे के बारे में कर्नल ह्यूरोज ने मेजन मीड को लिखा, 'वह महान युद्ध नेता और क्रांतिकारी स्वभाव के थे, उनकी संगठन क्षमता प्रशंसनीय थी।' पर्सीक्रास स्टेडिंग ने उन्हें विश्व के प्रसिद्ध छापामार नेताओं में से एक कहा है।

ऊदा देवी पासी

गुमनामी में खोई रही 1857 की यह बहादुर सेनानी लंबे अरसे तक अज्ञात वीरांगना के रूप में याद की जाती रही। पिछड़े और दलित वर्गों के उभरने के बाद ही ऊदा देवी के नाम से इस वीरांगना की पहचान हुई।

महिला बटालियन की नेता ऊदा देवी ने लखनऊ के सिकन्दरबाग में जिस वीरता का प्रदर्शन किया, उससे अंगरेज चकित रह गए थे। चुस्त लाल रंग की जैकेट और गुलाबी रंग

की रेशमी पतलून पहने ऊदा देवी ने एक घने पेड़ की डाल पर अपना मोर्चा बनाया था। जो भी अंगरेज उस पेड़ के नीचे से या पास से गुजरता था, वह ऊदा की गोली का निशान बन वहीं ढेर हो जाता था। इस तरह अनेक अंगरेजों को ऊदा देवी ने मौत के घाट उतार दिया। जब कैप्टन डासन का ध्यान इस ओर गया कि पेड़ के नीचे जाते ही अंगरेज गोली का शिकार हो जाते हैं तो उसने पेड़ पर से जिधर से गोली आती थी, उस दिशा में गोली चलाने का वैलेस को आदेश दिया। वैलेस की गोली निशाने पर लगी। गोली लगने से पेड़ से गिरे व्यक्ति के पास पहुंचने पर पता चला कि वह तो एक बहादुर स्त्री है जिसने अपने वतन की आजादी के लिए सैनिक वेश धारण किया था और जब तक जीवित रही, गिन-गिन कर अंगरेजों को ठिकाने लगाती रही। उसके पास दो भारी पिस्तौलें थीं। यह जानने पर कि उसने एक स्त्री की हत्या की है, वैलेस भी फूट-फूटकर रो पड़ा था। (हिबर्ट, द ग्रेट म्यूटिनी, पृ. 342)

16 नवम्बर, 1857 को सिकन्दरबाग के समर में शहीद हुई यह वीरांगना ऊदा देवी पासी थी। सिकन्दरबाग चौराहे पर ऊदा देवी की प्रतिमा स्थापित कर अवध की जनता ने अपनी इस बहादुर स्वतंत्रता सेनानी को नमन किया है।

परिशिष्ट : चार

1857 क्रांति और उसके नायकों से सम्बन्धित गीत
गजलें और लोकगीत

1857 का कौमी गीत

हम हैं इसके मालिक हिन्दुस्तान हमारा
पाक वतन है कौम का जन्नत से भी प्यारा
ये हमारी मिल्कियत हिन्दुस्तान हमारा
इसकी रूहानियत से है रौशन जग सारा
कितना नदीम, कितना नईम सब दुनिया से न्यारा
करती है जरखेज जिसे गंगोजमुन की धारा
ऊपर बर्फीला पर्वत, पहरेदार हमारा
नीचे साहिल पर बजता साग़र का नक्कारा
इसकी खानें उगल रहीं सोना, हीरा, पारा
इसकी शानोशौकत का दुनिया में जयकारा
आया फ़िरंगी दूर से ऐसा मंतर मारा
लूटा दोनों हाथों से प्यारा वतन हमारा
आज शहीदों ने है तुमको अहलेवतन ललकारा
तोड़ो गुलामी की जंजीरें बरसाओ अंगारा
हिन्दू मुसलमां सिख हमारा भाई-भाई
यह है आजादी का झंडा इसे सलाम हमारा

–अजीमुल्लाह खां

(क्रांतिकारी एवं नाना साहब के विश्वस्त साथी)

भारत के प्रथम स्वतंत्रता संग्राम के दौरान लोकप्रिय रहा यह गीत 1857 के क्रांतिकारी अखबार 'पयामे आजादी' में छपा था। 'जीत का बड़ा कारण' —टेलीग्राफ़

बेगम हज़रत महल की नज़्म

साथ दुनिया ने दिया और न मुकद्दर ने दिया
रहने जंगल ने कब दिया जो शहर ने न दिया

एक तमन्ना थी कि आज़ाद वतन हो जाए
जिसने जीने न दिया चैन से मरने न दिया

जमीं की आग बुझाने ये घटा उमड़ी थी
हां, मगर उल्टी हवाओं ने ठहरने न दिया

बिखर चला वो काफ़िला मकामे बौंड़ी से
चाल दुश्मन की कुछ ऐसी, कि उभरने न दिया

जुल्म की आंधियां बढ़ती रहीं लम्हा-लम्हा
फिर भी परचम को आसमां से उतरने न दिया

रुख़्सते अहले वतन*

शबे अंदोह[1] में रो-रो के बसर करते हैं
दिन को किस रंजो-तरद्दुद[2] में गुजर करते हैं
नाला-ओ-आह[3] ग़रज आठ पहर करते हैं
दरो-दीवार पे हसरत से नज़र करते हैं।
रुख़्सत अय अहले वतन! हम तो सफ़र करते हैं
दोस्तों शाद[4] रहो तुम को ख़ुदा को सौंपा
क़ैसर बाग़ जो है उसको सबा[5] को सौंपा
हमने अपने दिले-नाज़ुक को जफ़ा को सौंपा
दरो-दीवार पे हसरत से नज़र करते हैं
रुख़्सत अय अहले वतन! हम तो सफ़र करते हैं।

शिकवा किससे करूं यां दोस्त ने मारा मुझको
जुज़ ख़ुदा के नहीं अब कोई सहारा मुझको
नज़र आता नहीं बिन जाए गुज़ारा मुझको
दरो दीवार पे हसरत से नजर करते हैं
रुख़्सत अय अहले वतन! हम तो सफर करते हैं।

---

* यह नज़्म नवाब वाजिद अली शाह ने लखनऊ छोड़ने पर कही थी

1. पीड़ा की रात
2. शोक और चिन्ता
3. आर्तनाद
4. ख़ुश
5. हवा

गर्दिशे-चर्ख़[1] ने यह बात भी सुनवाई है
अपने मालिक को, यह नौकर कहे सौदाई है
अब तो दरपेश[2] हमें वादिया पैमाई[3] है
दरो-दीवार पे हसरत से नज़र करते हैं
रुख्सत अय अहले वतन! हम तो सफ़र करते हैं।

किससे फरियाद करूं है यही रिक़्कत[4] का मकाम
कैसा कैसा मिरा अस्बाब[5] हुआ है नीलाम
मेरे जाने से हर इक घर में पड़ा है कुहराम[6]
दरो-दीवार पे हसरत से नज़र करते हैं
रुख़्सत अय अहले वतन! हम तो सफ़र करते हैं।

रंज जो है उसे अब अय दिले-पुरदर्द[7] उठा
ताज़ियाख़ानों तलक का मिरा अस्बाब लुटा
फ़स्ले-गर्मी में तास्सुफ़![8] मिला घर तक है छुटा
दरो-दीवार पे हसरत से नज़र करते हैं
रुख्सत अय अहले-वतन! हम तो सफ़र करते हैं।

सारे अब शहर से होता है ये 'अख़्तर' रुख़सत
आगे बस अब नहीं कहने की है मुझको फ़ुर्सत
हो न बरबाद मिरे मुल्क की या रब खिल्क़त[9]
दरो-दीवार पे हसरत की नजर करते हैं
रुख़्सत अय अहले-वतन! हम तो सफर करते हैं॥

1. आकाश की गर्दिश
2. सामने
3. जंगल में भटकने वाला
4. रुदन
5. सामान
6. कोलाहल
7. दर्द-भरा दिल
8. खेद
9. जनता

हुज़्ने-अख़्तर*

कोई रंज ज़िन्दां[1] में ऐसा नहीं
जो इस बेसरो-पा[2] को पहुंचा नहीं

दिले-ज़ार हर्गिज़ संभलता नहीं
वह कोहे-गरां[3] है कि टलता नहीं
हर इक सम्त[4] पहरा हर सम्त यास
रफ़ीको-मुलाजिम[5] में ख़ौफ़ो-हिरास[6]

–नवाब वाजिद अली शाह

राणा वेणीमाधव

अवध में राना भयो मरदाना
पहिली लड़ाई भई बक्सर मां सेमरी के मैदाना
हुआं से जाय पुरवा में जीत्यो तबै लाट घबड़ाना
नक्की मिले, मानसिंह मिलिगे, मिले सुदर्सन काना
छत्री बंस एक न मिलिहै, जानै सकल जहाना
भाई बंधु औ कुटम कबीला, सबका करौ सलामा
तुम तौ जाय मिल्यो गोरन ते हमका है भगवाना
हाथ मां माला बगल सिरोही घोड़ा चले मस्ताना
कहै 'दुलारे' सुन मोर प्यारे यों राना कियो पयाना॥

•••

करिके सबको बखाना चल्यौ गयो जग से राना
पहिल लड़ाई लड़्यो भीरा मां दूसर सिमरी मुकामा
तीसर धावा मा पुरबा में गया बिसाइत बखाना
लाट सुनि के घबराना
लाट साहब ने लिखा परवाना राना तुम मिल जाना

जल्दी हाजिर होउ बक्सर मां काहे फिरत दीवाना
राना पढ़ि के मुस्काना
राना बुलाइन आपन बिरादर सबको करत बखाना
तुम तौ जाय मिले गोरन ते हमका है भगवाना
करब आपन मनमाना
मारपीट के राना निकरिगे गोरन मन खिसियाना
'भगवतदास' कहै कर जोरे अमर करै भगवाना
भजौ मन रामै रामा
चल्यो गयो जग से राना

राणा वेणीमाधव

नाम बेनी माधव बसत बैसवारा में
आयो औध बीच घेरि घौरंग विदेशी जब
ठान्यो रन राना ग्राम भीरा के किनारा में
सिगरे फिरंगिन नचायो फिरकी सों बीर
बेगि ही भगायो राखि पानिप दुधारा में
फेरि बेलिगारद में गारद गरद कीन्ह्यों
थाप्यौ निज बिरद बिलाइत इसारा में

होकर स्वतंत्र निश्शंक घूमता था रन
भय भी भयाती भयकारी दिखलाता था
प्रबल प्रचंड चंड दंड वीरता सों ठोंकि
खंड-खंड खंग सों अखंड गढ़ ढाता था
धाक भी समस्त भूमि मंडल खमंडल में
राना बैस बंस मरदाना कहलाता था
त्राह मचती थी रंच राह बचती थी नहीं

भेड़ियों में भेड़िया समान घुस जाता था

साया तन पावतीं न साया तन पावती हैं
हैटका लखाती, ते न है टका लखाती हैं
हिन्द में पताका रहा, हिन्द में पता का रहा
भारत नपातीं, ते वे भार तन पाती हैं
भूतल! दिखातीं शान, भूतल दिखातीं शान
आन कलपातीं ते न आन कल पाती हैं
पाव रोटी पातीं ते न पाव रोटी पातीं 'कृष्ण'
बिसकुट खातीं ते वे बिस-कुट खाती हैं

(पं. कृष्णशंकर शुक्ल 'कृष्ण' रचित 'बेनीमाधव बावनी' से)

चहलारी को नरेश

चहलारी को नरेश निज दल ओ सलाह कीन
तोप को पसारा जो सभी पै दाग दीना है।
तेगन से मारि-मारि तोपन को छीन लेत
गोरन को काटि-काटि गीधन को दीना है।
लंदन अंगरेज तहां कंपनी की फौज बीच
मारे तरवारनि के कीच करि दीना है।
बेटा श्रीपाल को अलेंदा बलभद्र सिंह
साका रैकवारी बीच बांका बांधि दीना है॥

विच ओबरी के मैदनवां मां

विच ओबरी के मैदनवा मां
साहब लोगनि किहिन पड़ाव।
देस के राजा इक ठौरी होइगे
लै लै रामचंद्र का नांव।

तोपैं गरजीं अंगरेजन की
धरती अगिन दिहिन बरसाय।
जेहिके लागै सीसै का डंडा
देहिया टूक टूक होइ जाय।
जेहिके लागै तोप का गोला
ऊकी धजा सरग मंडराय।

अरे गोसइयां परलै हुइगै
राजे भागे पीठि दिखाय।
भागा राजा बौंडी वाला
जेहिका हरदत्त सिंह था नांव।

राजा कहिए चहलारी का
जेहिका बांट परी तलवार।
ब्याह का कंगना कर मां बाजै
लक्खी मौर देय बयार।

हाथी घिरिगा जब राजा का
महावत गया सनाका खाय।
बोला महावत तब राजा तें
भैया दीन बंधु महाराज।
मरजी पावौं सहजादे की
तुरतै चहलारी देउं पहुंचाय।

सुनि के राजा राहुटु होइगा
करिया नैन लाल होइ जाय।
बोला राजा चहलारी वाला
जेहिका बलभद्र सिंह नाउं कहाय।

हट जा हट जा मेरे आगे से
तेरा काल रहा नियराय।
धरम क्षत्री का यू नाहीं है
भागै रण ते पीठ दिखाय।

अरे महावत बैठा दे हाथी
सोन कड़ा देउं दोनों हाथ।
घोड़ा मंगाइस खासे वाला
राजा कूदि भवा असवार।
जैसे भेड़हा भेड़िन पैठे
वैसे फौजन मां गवा सिधाय।

पूरब मारै पच्छिम मारै
राजा उत्तर दक्खिन करै संहार।
ग्यारह साहब ठौरे मारिसि
औ गोरन की गिनती नांय।

मारि पचासन का हनि डारिसि
जिनका भागत रस्ता नांय।
तीन घरी मां परलै कीन्हिसि
गोरा भागे जान बचाय।

तब महराजा चहलारी को

देस मा नांव अमर होइ जाय।
होइगा नांव तोरा लंदन मां
कोई तेरे बराबर नांय॥

—ज्योंरी गांव (बाराबंकी) के भागू नाई

(चहलारी नरेश बलभद्र सिंह की वीरता पर अवधी भाषा में रचित आल्हा)

राजा देवी बख्श सिंह

राजा देवी बकस लोह बंका, जिनका रत्ती भर न संका
वहि बजवाय दीन है डंका राजा एक सर बंधाय दीन लाम

जब राजा कै राज रहा तब सुखी सबै संसार रहा
धान जुंधरिया सांवा कोदों सस्ता भाव बिकाय रहा
कर कोरी से जोड़ा बिनावें मरदों का पहिनाव रहा
सिकिय पट्टा अडरबालता औरत का पहिनाव रहा
कोरे दाम में मिलै मिरजई ओहरी मां मरजाद रहा

राजा देवी बकस अस सुंदर
उनके हाथ सोने का मुंदर
उनके आगे सब लगैं छछूंदर
उनके चौरासी कोस मां रहै राज

जब दागै तोप दैव धर गरजै फाट दरारा भइया
हजारो गोरा डूब मरे वहि कहते बप्पा दइया
भागो मेम चलौ बिलाइत हियां है बड़े घरघइया
राजा एक सौ बंधाय दिया लाम

कुंवर सिंह

जैसे मृगराज गजराजन कै झुण्डन पै प्रबल प्रचण्ड सुंड खंडत उदंड है,
जैसे बाजि लपकि लपेट के लवान दल दलमल डारत प्रचारत विहंड है,
कहै राम कवि जैसे गरुड़ गरब गहि अहि कुल दंडि दंडि मेटत घमंड है,
तैसे ही कुंवर सिंह कीरति अमर मंडि फौज फिरंगानी की करी सु खंड खंड है॥

—राम कवि

तड़के कुंवर सिंह

कैलस देस पर जुलुम जोर फिरंगिया
जुलुम कहानी सुन तड़के कुंवर सिंह
बन के लुटेरा उतरल फौजी फिरंगिया
सुन सुन कुंवर के हिरद म लागल अगिया
पहली लड़इया कुंवर सिंह जीतले
दूसरी अमर सिंह भाई
अरे तीसरी लड़इयां सिपाही सब जीतले
उठे लाट घबराई

लिखि-लिखि पतिया

लिखि-लिखि पतिया के भेजलन कुंवर सिंह
ऐ सुन अमर सिंह भाय हो राम।
चमड़ा के टोड़ता दांत से हो काटे कि
छतरी के धरम नसाय हो राम।
बाबू कुंवर सिंह भाई अमर सिंह
दोनों अपने हैं भाय हो राम॥

अब न रंगइबो केसरिया

बाबू कुंवर सिंह तोहरे राज बिनु अब न रंगइबो केसरिया
इतते अइले घेरि फिरंगी, उतते कुंवर दुइ भाई
गोला-बारूद के चले पिचकारी, बिचवा में होत लराई
बाबू कुंवर सिंह तोहरे राज बिनु अब न रंगइबो केसरिया।

तात्या टोपे

हाथ में नगन खड्ग मारिबे कूं एक पग,
तन मन देस कूं समरपित कीनो है।

आगे बढ़ि पीछे हटि धाई को मिचक्का करि,
टूक टूक छिन में 'विढम' दल कीनो है।
सिंधिया सों औघड़ हरामखोर और नाहिं
मिलिगौ फिरंगिया ते सांसघात दीनो है।

मनै हरिफूल धन्नि तांतिया से वीर तैने
सीस कूं उतारि कैं सुजस जग लीनो है॥

—हरिफूल

दाग़े-हिज्रां [1]

बस्कि फ़आले मायुरीद है[2] आज
हर सुलह-शोर[3] इंगलिस्तां का

घर से बाज़ार में निकलते हुए
ज़हरा[4] होता है आब[5] इंसां का

चौक जिसको कहें वह मक़्तल[6] है
घर बना है नमूना ज़िन्दां[7] का

शहरे-देहली है ज़र्रा ज़र्रः-ए-ख़ाक
तिश्नः-ए-ख़ूं[8] है हर मुसल्मां का

कोई वां से न आ सके यां तक
आदमी वां न जा सके यां का

---

1. विरह का दाग़
2. जो चाहे वह कर सकने वाला
3. सिपाही
4. पित्ताशय
5. पानी
6. वधस्थल
7. जेलख़ाना
8. खून का प्यासा

मैंने माना कि मिल गए फिर क्या
वही रोना तनो-दिलो-जां का

गाह जल कर किया किए शिकवा
सोज़िशे-दाग़ हाए पिन्हां[1] का

गाह रोकर कहा किए बाहम[2]
माजरा दीद: हाए-गिरियां[3] का

इस तरह के विसाल[4] से ग़ालिब
क्या मिटे दिल से दाग़ हिज्रां[5] का

—मिर्जा असदुल्ला खां 'गालिब'

---

1. छुपे हुए दाग़ों की जलन
2. परस्पर
3. आंसू भरी आंखों की कहानी
4. मिलन
5. विरह

बयाने ग़म

गई यक ब यक जो हवा पलट नहीं दिल को मेरे करार है
करूं इस सितम का मैं क्या बयां, मिरा ग़म से सीना फ़िगार[1] है

यह रियाया-ए-हिन्द तबाह हुई कहो क्या-क्या न इन पर जफ़ा हुई
जिसे देखा हाक़िमे-वक्त[2] ने, कहा यह भी क़ाबिले-दार[3] है

यह किसी ने ज़ुल्म भी है सुना कि दी फांसी लोगों को बेग़ुनह
वले कल्मागोइयों [4] की सिम्त से अभी उनके दिल में ग़ुबार[5] है

न था शहर देहली, यह था चमन, कहो किस तरह का था यां अमन
जो ख़िताब था वह मिटा दिया, फ़क़त अब तो उजड़ा दयार है

यही तंग हाल जो सब का है, यह करिश्मा[6] क़ुदरते रब का है
जो बहार थी सो ख़िज़ां हुई, जो ख़िज़ां थी अब वह बहार है

---

* भारत के अंतिम मुगल सम्राट। 'ज़फ़र' उनका तख़ल्लुस था।

1. विकृत
2. अधिकारी वर्ग
3. फांसी पर लटकाने के काबिल
4. कलमा पढ़नेवाले मुसलमान
5. मैल
6. चमत्कार

आख़िरी नज़्म

लगता नहीं है जी मेरा उजड़े दयार में
किसकी बनी है आलम ए नापाएदार में

कह दो इन हसरतों से कहीं और जा बसें
इतनी जगह कहां है दिले दागदार में

उमर-ए-दराज मांग के लाए थे चार दिन
दो आरज़ू में कट गए, दो इंतजार में

कितना है बदनसीब 'ज़फ़र' दफ्न के लिए
दो गज जमीन भी न मिली कू-ए-यार में

(सम्राट बहादुर शाह 'ज़फ़र' को अंगरेजों ने गिरफ्तार कर बर्मा भेज दिया था। वहीं उनकी मृत्यु हुई और वहीं वे दफन हुए। शायर बादशाह की यह आखिरी नज़्म है।)

ईस्ट इंडिया कंपनी के फ़रज़ंदों से खिताब

किस जुबां से कह रहे हो आज तुम सौदागरों
दहर में इंसानियत के नाम को ऊंचा करो

जब यहां आए थे तुम सौदागरी के वास्ते
नौ-ए-इंसानी के मुस्तकबिल से क्या वाकिफ न थे
हिन्दियों के जिस्म में क्या रूहे-आजादी न थी
सच बताओ क्या वो इंसानों की आबादी न थी

अपने जुल्मे बेनिहायत का फसाना याद है
कंपनी का फिर वो दौरे मुजरिमाना याद है
लूटते फिरते थे जब तुम कारवां-दर-कारवां
सर बरहना[1] फिर रही थी दौलते-हिन्दोस्तां

दस्तकारों के अंगूठे काटते फिरते थे तुम
सर्द लाशों से गढ़ों को पाटते फिरते थे तुम
सनअते-हिन्दोस्तां[2] पर मौत थी छाई हुई
मौत भी कैसी तुम्हारे हाथ की लाई हुई

---

1. नंगे सिर
2. हिन्दोस्तान के उद्योग और कला

अल्ला-अल्ला किस कदर इंसाफ की तालिब हो आज
मीर जाफर की कसम क्या दुश्मने-हक[1] था सिराज?
क्या अवध की बेगमों का सताना भी याद है?
याद है झांसी की रानी का ज़माना याद है?

हिजरते-सुल्ताने देहली[2] का समां भी याद है
शेर दिल टीपू की खूनी दास्तां भी याद है
तीसरे फाके में इक गिरते हुए को थामने
जिसके सर लाए थे तुम शाहे जफर के सामने

याद तो होगी वो मटिया बुर्ज की भी दास्तां
अब भी जिसकी खाक से रह रह के उठता है धुआं
तुमने कैसरबाग को देखा तो होगा बारहा
आज भी आती है जिससे 'हाय अख्तर' ! की सदा

सच कहो क्या हाफजे[3] में है वो जुल्मे-बेपनाह
आज तक रंगून में इक कब्र है जिसकी गवाह

—जोश मलीहाबादी

1. सच के दुश्मन
2. दिल्ली का सम्राट (बहादुर शाह ज़फ़र)
3. याददाश्त

शहीदों की टोली

सर बांधे कफनवा हो शहीदों की टोली निकली

सत्तावन में गदर पड़ा था इसी हिन्द के बीच
बहादुर शाह के चारों बेटे मारे गए अनीत
नीत विषघोली निकली॥ सर बांधे...

अंगरेजों के छक्के छूटे बिगड़ गए औसान
नाना जी के मुकाबले में डटा न एकौ जवान
वीरता पोली निकली॥ सर बांधे...

नाना जी की बेटी मैना जिन्दा दियो जलाय
तरसती पद्मावती जैसी गई सुरंग में धाय
उन्हीं की हमजोली निकली॥ सर बांधे...

आजादी लेने की खातिर निकल पड़े रजपूत
झांसी वाली रानी निकली बांध कमर मजबूत
गले डाल झोली निकली॥

सर बांधे कफनवा हो शहीदों की टोली निकली॥

कुछ महत्त्वपूर्ण तिथियां

वर्ष 1857

8 अप्रैल	:	बैरकपुर में मंगल पाण्डे को फांसी।
10 मई	:	मेरठ में तीन रेजीमेंटों का विद्रोह। कैदी सिपाहियों को छुड़ाने के बाद विद्रोहियों का दिल्ली कूच।
11 मई	:	दिल्ली पर कब्जा। बहादुरशाह 'ज़फ़र' बादशाह घोषित।
12 मई	:	लॉरेंस का दरबार (लखनऊ)।
30 मई	:	लखनऊ, शाहजहांपुर. अलीगढ़, नौशेरा, इटावा, मैनपुरी, रुड़की, एटा, नसीराबाद, मथुरा, आदि निश्चित तिथि पर अंगरेजों के खिलाफ उठ खड़े हुए।
1 जून–5 जून	:	आजमगढ़, सीतापुर, नीमच, बनारस, कानपुर और झांसी में भी विद्रोह।
6 जून	:	नाना साहब ने कानपुर को घेरा।
26 जून	:	कानपुर पर नाना साहब का कब्जा।
30 जून	:	चिनहट की लड़ाई में अंगरेजों की हार।
1 जुलाई	:	हाथरस में भी विद्रोह। लखनऊ रेजीडेंसी पर मुक्ति योद्धाओं का कब्जा।
7 जुलाई	:	नवाब वाजिद अली शाह के सुपुत्र बिरजीस कद्र की ताजपोशी।
12 जुलाई	:	नाना साहब की फौज फतेहगढ़ में हारी।

16 जुलाई	:	कानपुर की लड़ाई। नाना साहब की फौज को बिठूर लौटना पड़ा।
16 अगस्त	:	बिठूर में तात्या टोपे हारे।
20 सितम्बर	:	अंगरेजों का दिल्ली पर कब्जा।
21 सितम्बर	:	बहादुरशाह जफर का हुमायूं के मकबरे में अंगरेजों के समक्ष समर्पण।
22 सितम्बर	:	मेजर हडसन के हाथों बहादुरशाह के बेटों की गिरफ्तारी और हत्या।
23 अक्टूबर	:	अंगरेज फौजों का सिकन्दर बाग से घुसकर लखनऊ पर फिर कब्जा।
29अक्टूबर	:	तात्या टोपे ने अंगरेजों से कानपुर को खाली कराया।
16 नवम्बर	:	सिकन्दरबाग की लड़ाई।
6दिसम्बर	:	कालपी की लड़ाई। तात्या टोपे को पीछे हटना पड़ा।

वर्ष 1858

5 मार्च	:	मेंहदी हसन और गोण्डा तथा चर्दा के राजाओं का चंदा में ब्रिटिश कैंप पर हमला।
13 मार्च	:	नेपाली सेना लखनऊ पहुंची।
17 मार्च	:	मौलवी अहमदुल्लाह शाह का नेपाली सेना के अगले दस्ते पर छापामार हमला।
18 मार्च	:	बेगम हज़रत महल खैराबाद पहुंचीं।
21 मार्च	:	मौलवी अहमदुल्लाह शाह ने सआदतगंज में अंगरेजों का मुकाबला किया। इसके बाद लखनऊ पर अंगरेजों का पूर्ण आधिपत्य हो गया।
22 मार्च	:	कुंवर सिंह का आजमगढ़ पर कब्जा।
1 अप्रैल	:	तात्या टोपे 22 हजार की फौज लेकर लक्ष्मीबाई की मदद को पहुंचे। बेतवा नदी के किनारे अंगरेजों ने तात्या टोपे को हराया।

3–5 अप्रैल	:	अंगरेजी फौज का झांसी पर हमला। रानी लक्ष्मीबाई ने झांसी छोड़ी। कुंवर सिंह ने अंगरेजों को आजमगढ़ में फिर पछाड़ा।
23 अप्रैल	:	जगदीशपुर में कुंवर सिंह ने अंगरेजों को हराकर यूनियन जैक उतारा और आजादी का झंडा फहराया।
25 अप्रैल	:	शाहजहांपुर पर अंगरेजों का कब्जा।
26 अप्रैल	:	कुंवर सिंह की मृत्यु।
6 मई	:	अंगरेजी फौज ने बरेली से बहादुरशाह को बेदखल कर दिया।
11 मई	:	अंगरेजों का शाहजहांपुर पर फिर कब्जा। मौलवी अहमदुल्लाह शाह ने अंगरेजों को कड़ी टक्कर दी।
24 मई	:	कालपी पर अंगरेजों का कब्जा।
1 जून	:	लक्ष्मीबाई, राव साहेब और बांदा के नवाब ने अंगरेजों के चमचे सिंधिया को हराकर ग्वालियर पर कब्जा किया। नाना साहब पेशवा घोषित।
5 जून	:	पुवांयां के राजा जगन्नाथ सिंह द्वारा धोखे से मौलवी अहमदुल्लाह शाह की हत्या।
17 जून	:	अंगरेजों ने ग्वालियर घेरा। झांसी की रानी युद्ध में शहीद। तात्या टोपे ग्वालियर से फरार।
2 अगस्त	:	लॉर्ड स्टैनली का इंडिया बिल पास। ईस्ट इंडिया कम्पनी का शासन समाप्त, भारत ब्रिटिश साम्राज्य का हिस्सा बना।
17–19 अक्टूबर	:	अंगरेजों ने जगदीशपुर घेरा। कुंवर सिंह के अनुज अमर सिंह ने युद्ध किया। उनकी निनादी में हार।
25 नवम्बर	:	राजा देवी बख्श और मेंहदी हसन की संयुक्त फौज का होपग्रांट की अंगरेज फौज पर हमला।

वर्ष 1859

7 अप्रैल	:	राजा मान सिंह के विश्वासघात से तात्या टोपे बन्दी।
18 अप्रैल	:	तात्या टोपे को फांसी।
वर्ष का अंत	:	उत्तरी अवध और नेपाल में विद्रोहियों के खिलाफ आखिरी अभियान। नाना साहब के चार हजार समर्थक गिरफ्तार। देश के अन्य भागों में स्वतंत्रता सेनानियों के पराभव के बाद बावजूद अवध में मुक्तियुद्ध जारी रहा। बेगम हजरत महल ने अपने हजारों सेनानियों और प्रमुख सहयोगियों के साथ नेपाल सीमा पार की।

संदर्भ-ग्रंथ

इनेस मैक्लियाड : लखनऊ ऐंड द अवध इन द म्यूटिनी (लंदन,1859)

केयी, जे.डब्ल्यू. : हिस्टरी ऑफ़ द सिपाय वार इन इंडिया 1857–58

केयी, जे.डब्ल्यू. : ए हिस्टरी ऑफ़ द ग्रेट रिवोल्ट

केव ब्राउन, रेवरेंड जे. : द पंजाब ऐंड डेल्ही इन 1857

खान, सर सैयद अहमद : द कॉजेज़ ऑफ़ दि इंडियन म्यूटिनी

गबिन्स, एम.आर. : एकाउंट्स ऑफ़ म्यूटिनीज़ इन अवध ऐंड सीज़ ऑफ़ लखनऊ

थामसन, एडवर्ड : द अदर साइड ऑफ द मेडल

रॉबर्ट्स, फील्ड मार्शल लॉर्ड : फोर्टी वन इयर्स इन इंडिया

लोवे, थामस : सेंट्रल इंडिया ड्योरिंग द रिबेलियन ऑफ़ द 1857 ऐंड 1858

जोशी, पी. सी. : रिबेलियन : 1857

डफ़ रेवरेंड, डा. अलेक्जेंडर : दि इंडियन रिबेलियनः इट्स कॉजेज़ ऐंड रिज़ल्ट्स इन ए सिरीज ऑफ़ लेटर्स (1857)

फारेस्ट, जी.डब्ल्यू. : हिस्टरी ऑफ़ द इंडियन म्यूटिनी

बाल चार्ल्स : हिस्टरी ऑफ़ द इंडियन म्यूटनी

भटनागर, जी.डी. : द अनेक्सेशन ऑफ़ अवध 'उत्तर भारती' खं.3, (1956)

मालेसन, जी.बी. : हिस्टरी ऑफ़ द इंडियन म्यूटिनी

मार्क्स, कार्ल : द फ़र्स्ट वार ऑफ इंडियन इंडिपेंडेंस, नोट्स ऑन इंडियन हिस्टरी

मेटकॉफ़, टी.आर. : लैंड, लैंडलॉर्ड्स ऐंड द ब्रिटिश राज

मुखर्जी, रुद्रांशु : अवध इन रिवोल्ट, 1857-58

रसेल डब्ल्यू.एच. : माई इंडियन म्यूटिनी डायरी (सं. एम. एडवर्ड्स)

रिजवी, एस.ए. और भार्गव, एम.एल. : फ्रीडम स्ट्रगल इन उत्तर प्रदेश

स्टोक, ऐरिक : द पीजेंट आर्म्ड :दि इंडियन रिवोल्ट ऑफ़ 1857.

विलसन, ले.जन.टी.एफ. : डिफ़ेंस ऑफ़ लखनऊ

स्लीमन, डब्ल्यू.एच. : ए जर्नी थ्रू द किंगडम ऑफ़ अवध इन 1849-50 (लंदन, 1858)

हचिंसन, जी. : नरेटिव ऑफ़ द म्यूटिनीज़ इन अवध (लंदन, 1859)

हिबर्ट, क्रिस्टोफ़र : द ग्रेट म्यूटिनी: इंडिया 1857

अख़्तर, जां निसार (सं.) : हिन्दोस्तां हमारा

मिश्र डा. शिव कुमार (चयन एवं संयोजन) : आजादी की अग्नि-शिखाएं

शहाबी, इंतजाम उल्लाह : बेगमात-ए-अवध के खुतूत

सावरकर, दामोदर विनायक : 1857 का भारतीय स्वातंत्र्य समर

शुक्ल, पं. कृष्ण शंकर 'कृष्ण' : बेनी माधव बावनी

●●●